Guía
divina

ISBN-13: 978-1-938520-15-0

Publicado por Star Publishing

Para más enseñanzas visite www.calvarytempleva.org.

Guía divina

Star R. Scott

Índice

Nota del editor

La obra que tiene en sus manos es una recopilación de transcripciones de algunos sermones que el pastor Star R. Scott compartió con su congregación de Sterling, en Virginia, durante cincuenta años de ministerio. Aunque el uso de segmentos de transcripciones no es en realidad el formato más común para una obra publicada, la posibilidad de hacerlo se abordó con cuidado y de forma meticulosa.

En los últimos años, con la reedición de la literatura cristiana más antigua, algunos editores se han tomado considerables licencias a la hora de editar los escritos de grandes autores que ya partieron a la presencia del Señor. Esto parece haberse hecho con el interés de que los escritos sean más aceptables para el lector cristiano actual. La decisión de mantener estos mensajes en forma de transcripciones se debe a nuestro deseo de preservar la integridad de la doctrina y conservar incluso la unción que estuvo presente cuando estos mensajes fueron transmitidos originalmente.

Quizás la exhortación más directa para adoptar este enfoque vino de uno de los grandes pioneros del movimiento pentecostal del siglo XX, Willard Cantelon. Cantelon, que era realmente un hombre elocuente y poderoso en las Escrituras, consideraba al pastor Scott como su pastor espiritual y un querido amigo. En una carta personal a Scott, Cantelon le animaba: «Estoy seguro de que grabar sus sermones en cinta es una de las cosas más "sabias" que hace. Y saber que estos mensajes pueden transcribirse y llegar a los diferentes "niveles" de lectores en el futuro es una visión a largo plazo de lo más real». En otra carta, Cantelon continuó diciendo: «Hay algo especial en lo que se transmite "en directo" y se imprime tal como se recibe». Ciertamente, estamos de acuerdo con la perspectiva del hermano Cantelon sobre este enfoque, y por eso presentamos estas enseñanzas, oportunas y a la vez atemporales, en dicho formato.

Mientras nos preparamos para el pronto regreso de nuestro Señor y buscamos fortalecer nuestra relación con el Padre, oramos para que estas enseñanzas nos ayuden, desafíen y enriquezcan.

Capítulo 1

El carácter personal

«La integridad de los rectos los encaminará [...]»
(Proverbios 11:3).

S i buscamos la guía divina, lo más importante que podemos hacer es preguntarnos: «¿Estoy guardando la revelación general de Dios? ¿Estoy buscando primero el reino de Dios y su justicia? ¿Me estoy humillando? ¿Estoy mirando mi propio corazón? ¿Estoy buscando la santidad con todo mi corazón?». Recién cuando afrontamos esas revelaciones generales de la voluntad de Dios, podemos tener confianza en que él nos pondrá sobrenaturalmente en el buen camino. Si nos convertimos en lo que Dios quiere que seamos, él puede llevarnos adonde quiere que estemos.

¿Estamos orando por una guía específica en la vida mientras lidiamos con el odio, la envidia, la amargura, la contienda y todas aquellas cosas que son reveladas bíblicamente como pecado? Los que hacen tales cosas no heredarán el reino de Dios. Amados, debemos empezar a hacer lo que sabemos hacer, lo que ha sido revelado en la Palabra, y lo demás será ordenado por el Señor. No ignoremos lo obvio ni gastemos todo nuestro tiempo en cuestiones secundarias. Preguntémonos: «¿Estoy haciendo la voluntad de Dios?». Hasta que no entendamos este principio básico en particular, nos expondremos al engaño pensando que hemos escuchado la voz de Dios. «¡Oh, estoy oyendo a Dios! Él me dijo: "Compra frijoles verdes Del Monte"». Bueno, probablemente oyeron del espíritu de Del Monte. Esa no es necesariamente la voz de Dios. Podemos haber escuchado una voz, y puede llegar a ser una voz o un espíritu muy familiar para nosotros, pero eso no significa necesariamente que sea la voz de Dios. La voz de Dios no nos va a decir qué frijoles verdes comprar cuando él necesita hablarnos acerca de nuestra falta de carácter.

Dios quiere hablarnos de manera consistente, pero él se va a ocupar principalmente de los asuntos del corazón, no de las cosas a las que nosotros le hemos dado tanta importancia. Él va a hablar de las cosas que nos acerquen más a la imagen misma de Jesús, a una relación más profunda con él. Busquemos en las Escrituras y veamos si el pueblo de Dios oraba para saber si debían comprar un burro o un caballo. No se ocupaban de esas cosas materiales. Estaban preocupados por los asuntos reales y eternos: formar un carácter semejante al de Cristo, ser guiados por el Espíritu para llevar a cabo el ministerio, ir por todo el mundo y predicar el evangelio.

«El corazón del hombre piensa su camino; mas Jehová endereza sus pasos» (Proverbios 16:9). El corazón del hombre piensa su camino. La palabra «pensar» en hebreo simplemente significa «inventar o crear». Entonces comenzamos a trazar un plan para cumplir la voluntad de Dios; Dios permite eso. Él permite que nuestros intelectos santificados establezcan propósitos que estén alineados con su revelación general, la Palabra de Dios. Se nos ocurren algunas ideas geniales, y comenzamos a pensar: «Alabado sea Dios, esto realmente funcionará para Dios. Esto es algo que tocará el corazón de ese vecino. Si hago esto, alcanzaremos a los jóvenes. Necesitamos hacer un concierto con luces, estroboscopios, prendernos fuego el cabello y gritar, y de vez en cuando decir: "Jesús", y las multitudes vendrán. ¡Buena idea!». Pero, me pregunto, ¿cómo se relaciona eso con «No me avergüenzo del evangelio, porque es poder de Dios para salvación»? ¿Cómo se relaciona eso con el hecho de que nadie puede venir si el Padre no lo atrae? Así que se nos ocurren todas estas grandes ideas de cómo ayudar a Dios. Mientras tanto, oramos por su voluntad: «Señor, solo queremos hacer tu voluntad. Queremos cumplir tus propósitos, Señor».

Es necesario ponerse en silencio ante el Señor y escuchar lo que él tiene que decir. Pero hay tantas distracciones, tanto ruido. Es tan fácil hoy en día encender la radio, la televisión o el Internet, escuchar alguna enseñanza grabada o leer la versión condensada de la Biblia del *Reader's Digest*. Queremos que todo sea rápido y conciso para poder seguir con nuestros asuntos. Pero escuchar al Espíritu de Dios es una tarea de búsqueda, espera, tiempo y silencio. Cuando Dios habla, nos imparte su sabiduría, nos revela su conocimiento en lo que concierne a una situación dada. Las Escrituras dicen que esto debe considerarse un tesoro más precioso que la plata y el oro. Pensemos en todo el tiempo que dedicamos a cosas frívolas, entretenimientos y búsqueda de ocupaciones, ¿pero luego pretendemos entrar corriendo y en un instante oír las cosas más importantes que jamás escucharemos? No funciona así.

Recibiremos revelación en proporción directa a nuestra disposición para poner en práctica la Palabra de Dios. ¿Alguna vez nos hemos preguntado por qué algunas personas siempre reciben revelaciones de la Palabra? Es porque ellos no las buscan solo para poner una marca en su Biblia. Están buscando qué hacer para el Señor. ¿Cuántos hemos conocido a personas que estudian la Palabra para obtener revelación con el fin de impresionar a otros con lo mucho que saben? La Biblia dice que estudiemos para presentarnos aprobados delante de Dios, como obreros (no jactanciosos) que no tienen de qué avergonzarse, que usan bien la palabra de verdad. La Palabra de Dios, o la voluntad de Dios, nos es revelada en proporción a nuestra voluntad de obedecerla y ponerla en práctica.

Si deseamos oír la voz del Señor, necesitamos estos rasgos de carácter: integridad (Proverbios 11:3), mansedumbre (Salmos 25:9) y prudencia (Proverbios 18:15). Entonces podremos escuchar su palabra. ¿Qué quiero decir con esto? Lo que intento plantear es que no nos pasemos todo el tiempo diciendo: «¡Dios, háblame! ¡Oh, Señor, háblame! Padre, ¿quieres que tome este trabajo? Señor, ¿quieres que me case con esta persona? Señor, ¿quieres que camine por esta calle?». En cambio, empecemos a decir: «Señor, purifica mi corazón. Llévame a una relación contigo. Haz de mí una persona íntegra. Haz de mí una persona que jure en perjuicio propio y que guarde tu Palabra. Haz de mí una persona mansa, que no tema el rostro de los hombres, que se humille y no exija que bendigas sus pequeñas ideas. Quiero que se haga tu voluntad en mi vida». Si oramos para que esto se cumpla, entonces empezaremos a oír la voz de Dios, y nuestros pasos serán ordenados por el Señor, ¡alabado sea Dios! Una vez que nuestra vida comience a ser purificada y que pongamos en práctica las cosas que ya sabemos que debemos hacer, escucharemos la voz de Dios.

El hombre bueno e íntegro

Proverbios 11:2 dice: «Cuando viene la soberbia, viene también la deshonra; mas con los humildes está la sabiduría». Lo primero que nos va a impedir escuchar la voz de Dios es el orgullo. «Yo ya sé cómo poner mis cosas en orden». ¿Cuántos de nosotros hemos visto nuestra propia tragedia en tres actos y hemos descubierto que necesitamos que alguien más escriba el guion por nosotros? «Yo puedo hacerlo solo, ¡alabado sea Dios! No necesito ayuda externa. Lo tengo todo resuelto». Ese tipo de orgullo conduce a la deshonra. Mas con los humildes de corazón está la sabiduría.

Miremos los versículos 3 y 5: «La integridad de los rectos los encaminará; pero destruirá a los pecadores la perversidad de ellos» y «La justicia del perfecto enderezará su camino; mas el impío por su impiedad caerá». En Proverbios 11 se establecen dos requisitos necesarios para que nuestro camino sea dirigido por el Señor. Primero: la integridad nos encaminará. No vamos a ser guiados por el Espíritu si no somos hombres o mujeres íntegros. Segundo: la justicia enderezará nuestros caminos. Eso es todo. «Mas el impío por su impiedad caerá». ¿Podemos verlo? Hay un camino que parece correcto al hombre, pero que termina en destrucción.

Ahora bien, la palabra «integridad» es una palabra interesante. Ser un hombre o una mujer íntegros significa «ser una persona con inocencia». Entonces, no podemos tener la sangre de otras personas en nuestras manos. Si queremos ser inocentes delante de Dios, no podemos odiar a nuestro hermano, ser calumniadores, chismosos, difamadores. (Si aborrecemos a nuestro hermano, somos asesinos). No podemos estar involucrados en una vida lasciva, de adulterio o de fornicación. Debemos ser hombres o mujeres de integridad y santidad para poder escuchar la voz de Dios.

Integridad también significa «plenitud». En idioma hebreo, la palabra «plenitud» remite a un término griego con el que tal vez estemos familiarizados: *soteria* (salvación). Aquí se refiere, entonces, a las personas verdaderamente salvas —no a las que profesan el nombre del Señor ni a las que mencionan el nombre de Jesús, sino a las personas que viven el carácter de Jesús—. Es la persona plena en espíritu, alma y cuerpo (*soteria*, salva), que tiene una mente sana: una mente disciplinada, la mente de Cristo, la mente que elige cumplir la Palabra de Dios. Es esta persona íntegra, inocente y plena, la que recibirá la guía y dirección espiritual del Señor.

«La integridad de los rectos los encaminará». ¿Conocemos las acepciones de la palabra «integridad»? ¿Queremos ser capaces de oír a Dios? Seamos inocentes. Mientras más cicatrices tengamos y más vileza hayamos experimentado, más difícil será oír la voz inocente y pura de Dios. Quiero decir algo: el inocente puede oír a Dios. Algunas personas han sido muy golpeadas a través de los años y han sido afectadas por todas las cicatrices y la basura de este mundo. Quiero decir que antes de venir al Señor, mi vida distaba mucho de ser inocente. Pero la sangre de Jesús puede devolvernos la inocencia; ¿amén? La obediencia puede devolvernos ese espíritu de humildad, mansedumbre y pureza. Esta Palabra puede purificarnos. Si vertemos esta Palabra en nuestro espíritu, la inocencia regresará a nuestro corazón, y podremos escuchar a Dios decir: «Este es el camino. Camina por él». Mantengámonos puros. Permanezcamos apartados. Permanezcamos santos en medio de esta generación.

Hay otra palabra en este pasaje que es muy importante. Observemos la palabra «rectos». En hebreo, ese término significa «los que son puros y perfectos de corazón». Entonces, la integridad de los rectos (los puros de corazón, los perfectos de corazón) es lo que les servirá de guía y los capacitará para oír la voz del Espíritu Santo. Notemos que acá el Padre habla de carácter. No vamos a poder andar por la vida haciendo lo que nos viene en gana y luego, en una emergencia, detenernos y decir: «Está bien, Dios, dame revelación. Necesito escuchar tu voz en esta situación». No vamos a poder escuchar a Dios si hemos disciplinado o entrenado nuestra mente con todos los métodos de éxito del mundo. Puedo garantizarles una cosa: será mejor que no estemos escuchando a todos los falsos profetas de hoy, porque aunque ellos usen principios bíblicos, no lo hacen por el Espíritu de Dios —su carácter, su propósito— para revelar esos principios. Ellos usan estos principios para su propio beneficio y gloria. El espíritu no es correcto, y no vamos a escuchar al Espíritu de Dios cuando estemos en apuros. Más nos valdría ir a pedirle direccción y consejo al Sr. Napoleón Hill. No hay nada que vayamos a leer en esos libros que no esté en la Biblia, porque esos tipos no inventaron nada. Dios es el autor del éxito.

Proverbios 11:4 dice: «No aprovecharán las riquezas en el día de la ira; mas la justicia librará de muerte». En los últimos días, las riquezas no serán de provecho, pero la justicia sí, ¡alabado sea Dios! Así que tenemos que empezar a considerar seriamente dónde estamos almacenando nuestras riquezas. Y Jesús enseñó sobre eso, ¿no es así? Él dijo: «Haceos tesoros en el cielo». Ahora bien, no hay nada malo en invertir, pero no debemos depositar nuestra confianza en estas riquezas inciertas, amados, ya que estas desaparecen volando. Y cuando eso pase, será mejor que tengamos algo de justicia que nos sostenga. Si nuestra esperanza está puesta en las riquezas, nos hundiremos con ellas. La justicia libra de la muerte. Eso me dice que los justos van a poder comer aun cuando no haya comida ni dinero para comprarla. Creo que habrá incluso algunos cuervos volando y entregando comida para los justos, ¡alabado sea Dios!

¿Por qué estamos tan impresionados con los principios del mundo sobre cómo tener éxito en un sistema mundano, cuando Dios ya nos ha dicho cómo ser verdaderamente existosos? Amados, mejor apartémonos de algunas de estas cosas y regresemos a la integridad de la Palabra de Dios, permitamos que esta cree revelación y entendimiento en nuestro corazón. Sí, Dios quiere que seamos la cabeza y no la cola. Él quiere que nos paremos delante de nuestros enemigos y digamos: «Por un camino saldrán contra mí, y por siete caminos huirán de delante de mí». Pero más vale tener una relación con él, o no veremos ese resultado como consecuencia de las pruebas y adversidades que lleguen a nuestra vida. Nos encontraremos luchando con armas carnales, porque ese ha sido nuestro entrenamiento. Si vamos a tener éxito, mejor hagámoslo basados en la revelación de la Palabra de Dios.

No sé ustedes, pero yo no quiero pelear mi batalla con la armadura del rey Saúl. Prefiero salir como David, y que todos me miren y se rían de mí con mi pequeña honda y las cinco piedras. Podrán decir: «¡Miren a este mequetrefe! ¿Qué va a hacer? Tenemos todo este poder corporativo. Tenemos toda esta fuerza militar. Tenemos todo este respaldo económico. ¿Qué va a hacer un tipo pequeño con una honda?». Y nuestra respuesta puede ser: «¡Voy a derribarte, amigo!». ¿Amén? Será mejor que aprendamos cuáles son nuestras armas en esta guerra en la que estamos envueltos ahora mismo. No vamos a conocer ese poder sin ser un hombre o una mujer íntegros.

El salmo 37 nos brinda una comprensión más profunda con respecto al carácter (la pureza y el propósito del corazón), en relación con la guía divina. A partir del versículo 23, dice: «Por Jehová son ordenados los pasos del hombre, y él aprueba su camino. Cuando el hombre cayere, no quedará postrado, porque Jehová sostiene su mano. Joven fui, y he envejecido, y no he visto justo desamparado, ni su descendencia que mendigue pan. En todo tiempo tiene misericordia, y presta; y su descendencia es para bendición».

Los pasos del hombre bueno son ordenados por el Señor. Así que no determines si estás o no siendo guiado por Dios según las circunstancias. Debemos discernir esa guía basándonos en nuestro corazón y en nuestra relación con el Padre. Si somos buenas personas, nuestros pasos están siendo ordenados por el Señor. Si estamos en la relación correcta ante Dios, nuestros pasos están siendo ordenados por el Señor. Si no estamos actuando movidos por nuestra propia lujuria, codicia e ideas preconcebidas, nuestros pasos están siendo ordenados por el Señor. Simplemente deleitémonos en el camino por el que el Señor nos está llevando. ¡Alegrémonos, alabemos a Dios!

Cuando estamos en la relación correcta ante el Padre, no hay lugar para la ansiedad en cuanto a la guía o dirección. Porque cuando estamos en esa relación correcta, somos personas buenas, andamos en justicia y somos hombres o mujeres íntegros, sabemos que Dios nos está guiando y ordenando nuestros pasos. Dios nos hablará todo lo que sea necesario en el momento oportuno y nos dará esa guía divina cuando nuestros caminos le agraden y cuando nos deleitemos en el camino por el que él nos está llevando.

Observemos la clave de este asunto: «Por Jehová son ordenados los pasos del hombre, y él aprueba su camino». El hombre bueno se deleita en el hecho de que Dios lo va a guiar por el camino correcto. Ahí está depositada nuestra confianza. Ahí están nuestra seguridad y nuestra esperanza. No podemos simplemente salir y decir: «Muy bien, Dios. Esto es lo que voy a hacer. Bendice mi plan. Tengo una buena idea, Dios. Ven y bendícela». Ese es el factor de orgullo al que se refería el pasaje anterior. Cuando nuestros pasos están siendo ordenados por el Señor y nos deleitamos en su camino, muchas veces, a la mente natural no le parece que eso sea un buen movimiento.

Veamos un ejemplo. Permítanme compartir con ustedes cómo compramos la propiedad de nuestra iglesia actual. Una persona se cruzó en nuestro camino y surgió la oportunidad. Estábamos en paz en nuestro espíritu, así que nos movimos en esa dirección. Dimos un paso de fe e hicimos la compra. Quiero aclarar algo. Cuando asumimos el pago de la hipoteca de esta propiedad, fue la deuda más grande que hayamos visto en nuestras vidas. Teníamos que pagar mil quinientos dólares al mes. Yo no tenía forma de saber, excepto por Dios, de dónde iba a salir ese dinero. ¡Era todo el dinero del mundo! Los ingresos totales de la iglesia en aquella época apenas superaban los treinta mil dólares. Pero tenía esa paz, ese testimonio interno del Espíritu diciendo: «Este es el camino. Estoy dirigiendo tu camino. No tengas miedo».

Esa fue nuestra primera de tres divisiones de la iglesia, y hubo gente que se fue por esto, porque decían: «¡Están locos! Estamos en este lugar cómodo y agradabe. Usted es un loco por ir hasta allá, al campo, y comprar esa propiedad. ¡Eso es estúpido! ¡Eso está en medio de la nada, no vale nada!». Pero nuestros caminos agradaban a Dios, y queríamos seguir al Espíritu de Dios. Teníamos una visión que Dios nos había dado, y teníamos un sueño que seguir. Y en ese momento en particular, simplemente creíamos que nuestros pasos estaban siendo ordenados por el Señor. No teníamos ni idea de que en un corto período de tiempo llegaríamos a presenciar lo que sucedió a nuestro alrededor. Si miramos un mapa, justo en el centro hay un terreno que es el único sin edificar, situado en medio de todos estos desarrollos. Adivinen, ¿cuál es ese terreno? ¡Es la propiedad de nuestra iglesia!

Dios no nos habló y dijo: «Esa es la tierra que vas a comprar. Voy a construir todas estas cosas, y será una oportunidad para llegar a miles de hogares». Nada de eso. Simplemente teníamos un corazón dispuesto a adorar al Señor.

Los pasos del hombre bueno los ordena el Señor. La clave es convertirse en ese hombre bueno. Entonces, no tendremos que preocuparnos, porque nuestros pasos estarán siendo ordenados. Dios estará guiando nuestros caminos, y tomaremos decisiones basadas en la Palabra de Dios que habla a nuestro corazón, esa voz interior que da testimonio dentro de cada uno de nosotros.

El hombre manso

Salmos 25:9 dice: «Y enseñará a los mansos su carrera». ¿Quiénes son los mansos? Las Escrituras hacen una declaración acerca de

Moisés: que él era el hombre más manso sobre la tierra en sus días (Números 12:3). Muchas personas parecen pensar que los individuos mansos son aquellos que carecen de opiniones y de atributos argumentativos en su personalidad o en su estilo de vida. Sin embargo, Moisés no encaja en esa definición, ¿verdad? La palabra «mansedumbre» realmente implica una sumisión y humildad ante Dios, pero audacia sin compromiso en nuestro trato con los hombres y en el sistema del mundo. Ese es un individuo manso. El manso es aquel que dice: «No lo entiendo todo. No sé cómo encajan todas las piezas. Todo lo que sé es que la Palabra de Dios es verdad. Antes bien sea Dios veraz, y todo hombre mentiroso». Todos dicen que estás loco: «Si no lo entiendes, ¿cómo puedes vivirlo? ¿Cómo sabes dónde empieza y dónde acaba?». Me refiero a que andamos por fe y no por vista (2 Corintios 5:7). Amén. Tengo la promesa de Dios, y sus promesas son seguras hasta mil generaciones (Deuteronomio 7:9). Dios no es hombre para que mienta (Números 23:19). Él vela por su Palabra para cumplirla (Jeremías 1:12). Toda promesa de Dios en Jesús es «sí», y en él «Amén», por medio de nosotros, para gloria de Dios (2 Corintios 1:20). Para mí, eso lo resuelve todo. Ese es un individuo manso.

Estábamos en una reunión el otro día con un grupo de predicadores, y los sacudí un poco. Dije: «Amados, empiecen a estudiar la Palabra de Dios por ustedes mismos y dejen de predicar lo que su amigo predica porque suena bien. Lean el libro de Jeremías y comiencen a entender que atraen una maldición sobre ustedes cuando predican paz y prosperidad, y que todo va a estar bien para la nación. Suena bien, pero quiero decirles algo: "Están profetizando desde el espíritu del infierno. Debemos empezar a ver lo que la voz del Señor está diciendo al cuerpo de Cristo hoy. No vayan por ahí predicando lo que dice el mensaje popular, a menos que sea de Dios"».

No vamos a escuchar lo que el Espíritu nos está diciendo si ya hemos sido pervertidos por nuestra percepción de lo que Dios hará o debería hacer. No podemos escuchar la voz de Dios cuando ya hemos tomado una decisión en cuanto a lo que creemos que él nos va a dar. Nos sentamos y decimos: «Yo le creo a Dios por esto», y luego juzgamos la visitación de Dios por los estándares de los hombres. El avivamiento no es lo que deseamos o percibimos que debe ser. Es lo que la Palabra de Dios declara que es.

¿Acaso creemos que Noé escuchó a Dios? ¿Cuánto tiempo predicó? ¿Cuántos conversos hubo? ¡Dios debe de haber fallado! ¿Podemos llamar a lo que Dios hizo en aquel día «un avivamiento»? Si eso no fue un avivamiento, entonces nunca ha habido uno, si es que entendemos lo que significa «avivamiento». En tiempos de iniquidad, un avivamiento es un regreso a la justicia y al establecimiento de la voluntad de Dios. En ese entonces, la voluntad de Dios era la preservación de la humanidad. Que un solo hombre lo escuchara para mantener el plan en marcha significa que estamos ante un avivamiento, porque el plan continuó. ¡Alabado sea Dios! El programa sigue en marcha. El enemigo no ha sido capaz de extinguir la luz.

Si no comenzamos a meditar sobre estas cosas, entonces juzgaremos basados en los estándares y las percepciones del hombre. Vamos a tener que tomar una posición en estos días en un espíritu de mansedumbre. Si somos mansos, si estamos dispuestos a escuchar la voz de Dios y a hablar sin importar las consecuencias, escucharemos la voz de Dios. Si decimos con un espíritu manso: «Padre, me humillo ante ti. No tengo ninguna idea, ninguna noción preconcebida de lo que tú debes hacer. No tengo las soluciones para los problemas del hombre. No tengo el poder para liberar al hombre. Estoy aquí como un recipiente vacío. Si tú quieres llenarme y usarme, estoy disponible. ¡Alabado sea Dios! Lo que me digas en secreto, lo proclamaré a los cuatro vientos, aunque le pese al diablo. Tú hablas, y yo hablaré». ¡Alabado sea Dios! Esa es la clase de personas a las que Dios puede guiar.

El hombre prudente

«El corazón del entendido [del prudente] adquiere sabiduría; y el oído de los sabios busca la ciencia» (Proverbios 18:15). El individuo prudente es aquel que piensa y considera lo que el Espíritu de Dios está haciendo. La palabra «prudente» tiene una connotación interesante. Habla de alguien que sopesa las cosas dentro de su espíritu. Un hombre prudente es uno que pondera las cosas. No es alguien que sale corriendo por capricho. ¿Cuántos cristianos conocemos hoy en día que son llevados de aquí para allá por cada viento de doctrina? Cada vez que alguien se levanta a predicar, dicen «¡Amén!» y corren en esa dirección. Eso los impulsa a seguir hasta que se detienen en algún otro lugar o por casualidad oprimen el botón y cambian el dial a una estación de radio donde alguien dice otra cosa. Entonces vuelven a decir «¡Amén!» y giran en esa dirección. Ellos creen que Dios los está guiando, cuando solo están siguiendo cada voz que clama en el desierto. No demuestran carácter ni prudencia alguna en sopesar estas cosas, estudiar y averiguar si son así; no hay discernimiento en su espíritu. Según las Escrituras, el hombre prudente es aquel que va a obtener el conocimiento de Dios y a reconocer el camino de esa voz apacible y delicada que dice: «Este es el camino, andad por él» (Isaías 30:21). Así que no nos apresuremos a salir corriendo tras cada moda o «nueva palabra o revelación» que escuchemos.

Me gusta oír lo que se enseña y escuchar los vientos de doctrina que soplan a través de las ondas de la radio. Cuando enseño, sé lo que se enseña en la radio y en los distintos medios de comunicación. Soy consciente del hecho de que la gente está escuchando y, muchas veces, está dispuesta a recibir cualquier cosa que oye al pie de la letra. Cualquiera que actúa así, es candidato al engaño. Si se toma todo al pie de la letra, será engañado. Yo podría engañarlos o podría engañarlos otra persona. Pero si somos individuos prudentes y sopesamos las cosas y nos aseguramos de que estén alineadas con la «palabra profética más segura», entonces nadie nos va a engañar en estos últimos días. No vamos a creer una mentira. No vamos a creer las herejías que surjan en los últimos días.

Conclusión

La voz de Dios es la Palabra de Dios, pero no podemos escuchar con claridad esa voz apacible y delicada que nos llega a través de esta Palabra profética más segura hasta que primero hayamos superado el orgullo, purificado nuestro corazón de toda ambición personal y acudido a Dios con un corazón contrito y humillado en mansedumbre, tomando su yugo sobre nosotros y echando toda nuestra ansiedad sobre él, sabiendo que él tiene cuidado de nosotros. Él no permitirá que nadie nos maltrate.

Preocupémonos más por nuestro carácter que por nuestro rumbo. ¿Por qué nos conocen? ¿Cuáles son nuestras virtudes? ¿Nos vemos a nosotros mismos como hombres buenos? ¿Qué tan dóciles somos? ¿Qué tan listos estamos para escuchar? Si alcanzamos a ser este hombre que agrada a Dios, entonces él podrá llevarnos adonde él quiere. Amén. Escuchar a Dios, entonces, no tiene que ver con el rumbo. No se trata de las circunstancias individuales específicas del momento, se trata de la condición de nuestro corazón.

Capítulo 2

Nuestra voz

«Fíate de Jehová de todo tu corazón, y no te apoyes en tu propia prudencia» (Proverbios 3:5).

La Biblia dice que si andamos en el Espíritu, no satisfaremos los deseos de la carne (Gálatas 5:16). Tener ideas preconcebidas sobre lo que queremos que Dios diga es una expresión de esos deseos de la carne y nubla nuestra capacidad para escuchar la voz de Dios. Nos volvemos sordos a la voz del Espíritu de Dios porque ya sabemos lo que queremos oír. ¿Llegamos a la iglesia con esa misma actitud? Si el predicador no dice lo que queremos oír, salimos del servicio sin haber escuchado nada de lo que dijo. O, peor aún, salimos y decimos algo que no se dijo porque escuchamos con oídos carnales, no con oídos espirituales. ¿«Amén» o «¡Ay de mí!»? Esa es la verdad. Las cosas del Espíritu de Dios no se pueden entender con la mente carnal (1 Corintios 2:14). La razón por la que tantas personas se confunden en cuanto a la guía espiritual, a ser guiadas por el Espíritu de Dios, es que escuchan con una mente carnal que no puede ni quiere recibir las cosas que son del Espíritu de Dios. Nunca se puede ser guiado por el Espíritu teniendo una mente carnal.

«Dios me dijo»

Una noche, en el programa de Larry King, un sacerdote episcopal debatía con el exlíder de la Convención Bautista del Sur. Este sacerdote se dedica a intentar liberar a la gente de la «perversión de la mente cerrada» de los fundamentalistas que creen en la infalibilidad de las Escrituras. Se consideraba a sí mismo un hombre ilustrado y quería liberar al hombre del siglo XX de la inteligencia limitada del hombre del siglo I y de su enfoque intolerante hacia las mujeres, la homosexualidad y otras categorías.

Es asombroso lo que podemos oír cuando nos acercamos a Dios con una idea preconcebida de lo que queremos escuchar. Creeremos una mentira porque ya hemos decidido en nuestro corazón lo que vamos a hacer. Si determinamos de antemano lo que estamos dispuestos o no a recibir de parte de Dios, entonces oiremos voces que creeremos que le pertenecen a Dios. Les atribuiremos la autoridad del Padre, cuando en realidad no son más que nuestra propia voz.

Amados, esto está en todos nosotros. En Génesis 3:8, un pasaje que seguro nos resulta muy familiar, Adán y Eva acababan de comer del fruto prohibido. Sus ojos se abrieron. Ahora viven con el don satánico de la autodeterminación. Cada uno es ahora su propio dueño, sin la limitación de conocer y hacer intuitivamente la voluntad de Dios y de vivir en inocencia. Ahora, son bendecidos con el conocimiento del bien y del mal. Son agentes morales libres, con autodeterminación, lo cual implica establecer por sí mismos el bien y el mal, según su propia percepción y voluntad. Una vez que esta iluminación les sobrevino al participar del fruto prohibido, se convirtieron en dioses. En ese nuevo estado, el versículo 8 dice: «Y oyeron la voz de Jehová Dios que se paseaba en el huerto, al aire del día; y el hombre y su mujer se escondieron de la presencia de Jehová Dios entre los árboles del huerto».

Debido a esa autodeterminación, ¿nos estamos escondiendo de la voz de Dios hoy? ¿Y qué tal la autodeterminación de nuestras vocaciones, nuestras apretadas agendas? Quizás no intentemos evitar escuchar la voz de Dios a propósito, pero ha pasado tanto tiempo. ¿Cuándo fue la última vez que oímos a Dios?

Quiero decir algo: cuando escuchamos la Palabra de Dios, nuestra vida cambia. ¿Cuándo fue la última vez que fuimos purificados? ¿Cuándo fue la última vez que sentimos temor? A medida que avancemos en este estudio, notaremos que la voz de Dios nos llena de temor, porque nos hace conscientes de nuestra incapacidad y de nuestra total dependencia de él. Cuando Dios habla, todo lo demás carece de significado, excepto lo que se nos dice en ese momento.

En la vida cotidiana, cuando estamos separados de un ser querido, su voz nos trae mucha alegría, paz y consuelo. Algunos podemos tener hijos pequeños, y es asombroso cómo, cuando están aprendiendo a hablar, esas simples palabras nos llegan al corazón y nos llenan de alegría. ¿Reaccionamos de la misma manera a la voz de Dios? ¿Su voz nos brinda ese consuelo? ¿Nos reconforta saber que es la sabiduría de Dios y que representa la presencia de Dios?

Una de las cosas más importantes que podemos hacer es conocer y familiarizarnos con nuestras propias voces. El problema surge cuando creemos que nuestra propia voz interior es la voz de Dios. Casi la convertimos en sinónimo de la voz de Dios. Tenemos esta «sensación». ¿Conocemos esa sensación? «Simplemente tengo esta sensación, intuitivamente». Conciencia, intuición. «Simplemente lo sé. Puedo sentirlo».

Hace poco, hablamos con alguien que afirmaba que Dios le había dicho: «Te casarás con tal». Ella no tenía duda alguna de que era la voz de Dios. Ante esto, nosotros le aconsejamos: «¿Alguna vez consideraste que tal vez sea la voz de tu propio corazón?». Habíamos compartido muchos principios bíblicos con ella para mostrarle que quizás esa voz no provenía de Dios. Pero ella «sabía» que sí. Sin embargo, el hombre que se suponía que iba a ser su esposo terminó casándose con otra. Poco después, ocurrió lo mismo; había un nuevo hombre que «Dios decía» que debía ser su cónyuge. Le preguntamos: «¿Es el mismo Dios que te habló la otra vez?». Siempre tratamos de ser amables. Ella decidió que «era Dios» y finalmente se casó con quien quiso.

Sabemos de qué hablo, ¿no? ¿Cuánta confianza tenemos en esa voz? «Sé que es Dios». ¿Cuántas veces nos hemos equivocado? Gracias a Dios que ya no es literalmente así, pero en el Antiguo Testamento, cuando alguien decía que había escuchado la voz de Dios, pero estaba equivocado, ¿qué le pasaba? ¡Lo mataban, lo liquidaban! Diré una cosa. Si eso todavía fuera así hoy en día, habría muchísima menos gente diciendo: «Dios me dijo». ¿Amén? En poco tiempo, la gente miraría ese montículo de tierra que solía ser el primo José, y quizá dirían «Creo», en lugar de «Dios me dijo».

¿Por qué estamos orando?

Decimos que queremos conocer la voluntad de Dios. Decimos que queremos oír a Dios, pero tenemos un camino que nosotros mismos hemos decidido seguir. No me malinterpreten, porque no digo que no podemos tener preferencias. El mejor ejemplo de cómo expresar nuestras preferencias viene de la mayor autoridad posible, cuando Jesús dijo: «Si es posible, pase de mí esta copa».

Escuchemos lo que dice Juan 16:13-14: «Pero cuando venga el Espíritu de verdad, él os guiará a toda la verdad». Esto se refiere al ministerio del Espíritu Santo después de que Jesús regresó a la diestra del Padre. Él dijo: «Les enviaré otro Consolador. Él estará con ustedes y estará en ustedes. Él convencerá al mundo de pecado». Él dice: «Pero cuando venga el Espíritu de verdad ["Tu palabra es verdad" (Juan 17:17)], él os guiará a toda la verdad; porque no hablará por su propia cuenta, sino que hablará todo lo que oyere, y os hará saber las cosas que habrán de venir. Él [esa voz, el propósito de esa voz] me glorificará: porque tomará de lo mío, y os lo hará saber».

Decimos mucho «Dios me dijo», y generalmente se trata de cosas que no tienen que ver con el carácter espiritual ni con el fruto del Espíritu, sino con lo mundano. Parece que las cosas que realmente preocupan a la gente son las temporales: «Dios, ¿me perdí este negocio?», «Dios, ¿me perdí la venta de esta casa?». ¿Por qué no nos preocupamos por nuestro hombre espiritual —o el de quienes nos rodean— de la misma manera? Es triste.

Estoy señalando una tendencia que no es solo nuestra o incluso de esta década. En todos los años que llevo en el ministerio, parece que la gente está muy preocupada por escuchar a Dios en estas áreas en particular. Pero, en las Escrituras, ¿cuánto tiempo dedica Dios a hablarles a las personas sobre con quién se casarán, en qué barrio vivirán y qué trabajo deberían tener? Entonces, ¿cuánto de las visitaciones y de la guía específica de Dios tuvieron que ver con un llamado a la santidad, una afirmación de la comunidad, la preservación de la simiente santa de Dios y un llamado al ministerio? Respondamos esas preguntas con las Escrituras, y entonces empezaremos a comprender cuándo es que Dios irrumpe en nuestra vida con directivas sobrenaturales y específicas. Cuando Dios dijo: «Abraham, no quiero que vivas en Ur. Quiero que vivas aquí», no solo lo estaba mudando al barrio alto. Había un propósito espiritual divino, y nosotros no somos Abraham.

La gente suele orar: «Señor, ¿con quién quieres que me case? Háblame». Las Escrituras lo dejan muy claro: deben ser creyentes. ¿Amén? Pero he tenido gente que viene a mí y me dice: «Solo estoy orando sobre si debo casarme con esta persona». Y les pregunto: «¿Es cristiana?». Me responden: «Bueno, no, pero está cerca, y le he estado dando testimonio. Simplemente creo que esta es la persona». Claro, inmediatamente pienso en Sansón. ¿Conocemos la Palabra de Dios? ¿Sabemos lo que pasa cuando nos empeñamos en casarnos con una persona? Vamos y comenzamos a martillarle al Padre celestial: «Dame esta mujer. Dame esta esposa». Dios nos responderá conforme a nuestros ídolos, y recibiremos un correctivo. Nos sacarán los ojos. Nunca se ora por lo que ya sabemos que es la voluntad de Dios.

Por ejemplo, para mantener un estilo de vida de abundancia, la gente pide dinero prestado para comprar bienes perecederos. Piden prestado ofreciendo su casa como garantía para irse de vacaciones. Luego regresan bronceados y dicen: «¡Mira!», y el bronceado desaparece. Mientras tanto, el valor de su casa se va al garete. Ahora que todo el capital de la vivienda se ha esfumado, empiezan a sacar de 30 a 40 tarjetas de crédito. Todas se agotan, y ahora tienen que tomar una decisión. «Van a embargarme el coche y la única manera de pagarlo es con mi diezmo. Voy a orar. Señor…». ¿Qué voz creemos que están a punto de oír? Si empiezan a orar al respecto, ¿qué voz creemos que van a oír? Dios ya ha hablado sobre este asunto, ¿no? ¿Por qué orar al respecto? ¿Qué hay que orar? Es como estar en la calle y que se nos acerque una prostituta y decirle: «¿Podrías darme un minutito? ¿Señor, qué te parece?». ¿Qué vamos a oír? El hecho de que estemos orando por eso significa que ya hemos indicado que no vamos a escuchar a Dios. Él ya nos ha dicho que unirnos con una ramera nos convierte en uno con ella. Son cosas muy obvias. ¿Por qué oramos por alimentar nuestra carne cuando deberíamos orar por glorificar a Dios edificando nuestro cuerpo y compartiendo el evangelio? Estas son las cosas que son vitales para nosotros.

Las Escrituras dicen que honremos a nuestro padre y a nuestra madre. Hijos, no oren por eso. «¿Qué debo hacer en esta situación?». Honren a su padre y a su madre. Obedezcan a sus padres en el Señor. Estas cosas son obvias. No oremos por este tipo de cosas. Cuanto más estudiamos la Palabra de Dios y más conocemos el corazón de Dios, estos principios generales comienzan a revelarse en áreas menos obvias. Las áreas un poco más confusas en cuanto a su aplicación y revelación se aclararán, porque comenzaremos a pensar como Dios. Él nos hablará a través de su Palabra y luego nos hablará a través de nuestros pensamientos. Estaremos pensando con la mente de Cristo. Tomaremos decisiones con confianza, sabiendo que no nos estamos equivocando, y si esto sucede, no será por mucho. Él guiará nuestros caminos y los enderezará. ¡Qué confianza da escuchar la voz de Dios sin prejuicios ni ideas preconcebidas!

¿Sobre qué vamos a orar? Si oramos por no seguir los principios bíblicos obvios, recibiremos respuestas según nuestros ídolos. Conozcamos la Palabra de Dios. No tenemos que orar por eso. Hagamos lo que Dios dijo: «Honra a Jehová con tus bienes, y con las primicias de todos tus frutos» (Proverbios 3:9). Hagamos lo que dice la Palabra de Dios incluso cuando el mundo diga: «Si sigues hablando de Jesús, perderás tu trabajo. El Congreso acaba de aprobar esta ley. Es un crimen de odio». Jesús nos dijo: «Y a cualquiera que me niegue delante de los hombres, yo también le negaré delante de mi Padre […]» (Mateo 10:33). «Id por todo el mundo y predicad el evangelio a toda criatura» (Marcos 16:15). ¿Sobre qué hay que orar?

Empezamos a oír una voz distinta a la de Dios en el momento en que rechazamos su voluntad revelada. En cuanto rechazamos la voluntad general de Dios, quedaremos confundidos con respecto a sus directivas específicas. Así que, con la Palabra como fundamento y como primer lugar donde buscar la guía, preguntémonos: «¿Estoy en orden? ¿Me encuentro ahora en una posición segura bajo el orden de Dios en lo que respecta a la familia y al cuerpo de Cristo? ¿Estoy en orden en lo que se refiere a mi papel de administrar a la sociedad el llamado de Dios sobre mi vida como cristiano? ¿Busco las cosas eternas y espirituales con todo mi corazón?». Todos estos son requisitos para que podamos escuchar a Dios. Si no tenemos nuestro corazón afianzado de esta manera, distorsionaremos todo lo que escuchemos a través de nuestros filtros carnales. Ya tendremos, como mencionamos antes, una agenda establecida. Entonces cometeremos dos grandes errores: primero, intentaremos que Dios venga y cumpla la voluntad que hay en nuestro corazón, y segundo, haremos que nuestra propia voz —la que establece tu voluntad— se convierta en la voz de Dios.

Conclusión

Proverbios 3:5-6 dice: «Fíate de Jehová de todo tu corazón, y no te apoyes en tu propia prudencia. Reconócelo en todos tus caminos, y él enderezará tus veredas». El mayor obstáculo para la guía divina es asumir que todo lo que llega a nuestra mente proviene de Dios. A menudo pensamos que Dios es el autor de todos nuestros pensamientos. Pero debemos comprender que todos nuestros pensamientos e intenciones deben ser confrontados con los propósitos eternos de Dios plasmados en la palabra profética más segura: su Palabra.

Una de las cosas que sucede es que andamos en busca del reino de Dios y nuestras intenciones son buenas. Entonces, pensamos que todo lo bueno viene de Dios. Pero la mente natural participó del árbol que estaba en medio del huerto, el árbol del conocimiento… ¿de qué? Del bien y del mal. Es decir, algo puede ser bueno y, aun así, no venir de Dios. Incluso puede ser teológicamente correcto y no ser de Dios. Necesitamos discernir qué es lo que realmente da inicio a los propósitos de Dios en la vida de los creyentes. ¿Por qué Dios dirige nuestros caminos? Lo hace para que podamos continuar en la vereda de la santidad, andar por las sendas de la justicia y terminar este recorrido.

La voz de Dios nos habla muy claramente, amados. ¿Qué intentamos escuchar? ¿Qué está causando esta sensación de incertidumbre? Yo, por mi parte, estoy bastante seguro de casi todo, porque está aquí, en su Palabra. No hay nada nuevo que vaya a surgir. «Y nada hay nuevo debajo del sol» (Eclesiastés 1:9). Las cosas que enfrento en mi vida y las decisiones que debo tomar no me llevan mucho tiempo. Sé lo que Dios dijo. Puede que me lleve mucho tiempo aceptarlo, pero voy a elegir obedecer la Palabra de Dios. Hay consecuencias que pueden causarme dolor a mí y a quienes me rodean. Pero sé lo que Dios dice y lo haré, ¡alabado sea Dios! En cuanto empecemos a orar al respecto, oiremos algo diferente. Cuanto más esperemos para obedecer la Palabra de Dios, mayor será el riesgo de ser engañados. Obedezcamos cuando él nos hable.

Capítulo 3

Cómo escuchar

«Bienaventurado el hombre que me escucha, velando a mis puertas cada día, aguardando a los postes de mis puertas» (Proverbios 8:34).

¿No nos alegra que Dios nos hable? El salmo 32, versículo 8, dice: «Te haré entender, y te enseñaré el camino en que debes andar; sobre ti fijaré mis ojos». No es una voz repentina en situaciones de emergencia. Él nos estará enseñando constantemente. Sabremos qué hacer antes de que surjan los problemas. Dios sabe que llegarán. Él nos trae la Palabra de Dios en nuestros tiempos de estudio. Está obrando en nuestro corazón y preparándonos para esta situación que enfrentaremos. Su Palabra es una lámpara a nuestros pies.

La Palabra de Dios

Cuando se trata de la guía divina, muchos cristianos dan demasiada credibilidad a sus sentimientos. Dicen: «Solo lo siento», «Dios habló», «presiento», «lo sé intuitivamente». Pero necesitan tener confianza en el conocimiento de que sus pasos están ordenados por la Palabra de Dios (Salmos 119:133). Confiemos más en los principios bíblicos que en nuestra propia intuición. 2 Pedro 1:19 dice que se nos ha dado «la palabra profética más segura». Recordemos que es Pedro quien habla, quien había escuchado la voz audible de Dios y había visto la transfiguración de Jesús. ¿No nos gustaría escuchar la voz audible de Dios? Vamos, seamos sinceros. ¿Por qué? ¿Qué nos hace pensar que aquello es más especial que la Palabra? Una respuesta honesta podría ser: «Escuchar la voz audible de mi amado es más precioso que una carta de amor». Permítanme recordar que esto es más que una carta. Sus palabras están vivas. ¿Amén? Su Palabra es poderosa y más cortante que cualquier espada de dos filos, ¡alabado sea Dios! No confundamos lo natural con lo espiritual. Esta Palabra está viva y debería arrojar esos mismos resultados. Ahora bien, sé que el contacto personal es más importante para nosotros como seres naturales. Es real para nosotros. Como seres humanos, anhelamos ese contacto personal e intimidad, pero estamos habitados por el Espíritu Santo. No necesitamos contacto sensorial externo, porque quienes lo adoran deben adorarlo en espíritu y en verdad.

Paz

Una manera de saber realmente que hemos escuchado la voz de Dios es que nos trae paz, seguridad, resuelve el asunto y podemos descansar en ello. Pero solo podemos descansar en ello cuando sabemos que está en línea con principios bíblicos claros. Si estamos en paz con una decisión que los consejeros piadosos y los hermanos en el Señor están cuestionando, entonces deberíamos estar muy preocupados por la paz que estamos sintiendo en ese momento en particular. Es muy importante que no permitamos que la «paz» decida el veredicto final. Debe ser una paz que esté alineada con la Palabra de Dios y que esté de acuerdo con aquellos que tienen autoridad sobre nosotros en el Señor, ya sean nuestros padres o aquellas personas que Dios ha puesto como autoridad espiritual sobre nuestra vida. Entonces podemos tener plena confianza en que nos estamos moviendo en el Espíritu de Dios y hemos escuchado su voz.

Consejo

Miremos Salmos 73:24: «Me has guiado según tu consejo, y después me recibirás en gloria». Me gusta esto: «Me has guiado según tu consejo». Al estudiar y escuchar la Palabra de Dios, recordemos que no se trata solo de una revelación o comprensión individual. Dios nos brinda protección a través de consejeros. La Palabra de Dios es la verdad y es el fundamento sobre el que todo se construye. El Espíritu que mora en nosotros nos instruye constantemente con la Palabra de Dios y nos recuerda lo que los apóstoles, profetas y Jesús han dicho. Pero Dios también nos designa a pastores y maestros, personas que él ha puesto como autoridad espiritual sobre nosotros, quienes facilitan la aplicación, la comprensión y la edificación necesarias para el perfeccionamiento de los santos en la obra del ministerio. Ellos nos comunicarán la Palabra de Dios, no sus opiniones ni su sabiduría natural basada en la experiencia secular.

Búsqueda diligente

Proverbios 8:34 dice: «Bienaventurado el hombre que me escucha, velando a mis puertas cada día, aguardando a los postes de mis puertas». Somos una generación que quiere las cosas al instante. Somos un pueblo que cree merecer ciertas cosas solo por presentarse. Déjenme decir algo. Tenemos que excavar profundamente en esta roca para extraer la vida y la sabiduría de Dios. Esto no es algo que se hace en un momento ni por capricho. No se trata simplemente de llegar, tomar quince minutos y decir: «Vamos, Dios, muéstrame tu sabiduría. Muéstrame tu gloria». Tenemos que estar atentos a sus puertas, y cada día, constantemente, guardar silencio ante él. El clamor de nuestro corazón debe ser: «No te soltaré hasta que me hayas bendecido». ¿Cuán preciosa es esa voz? ¿Anhelamos esa palabra que cambiará nuestra vida para siempre, nos librará de nuestro dilema actual o nos librará de todo temor? En su presencia hay plenitud de gozo.

En esta época, la gente busca una solución rápida y simplemente escucha lo que dicen los maestros en la radio. Por las mañanas, disfruto escuchando a diferentes maestros, como Adrian Rogers. Me encanta que el Espíritu de Dios pueda hablar a través de él y seguir abordando las realidades del tiempo en que vivimos. Pero, al mismo tiempo, si no tenemos cuidado, también podemos permitir que falsos profetas siembren semillas en nuestra vida. Si no podemos escuchar con claridad, esto puede traer confusión. Puede traer una confusión mental en lugar de claridad. Estas son cosas de las que debemos estar atentos en esta generación. Necesitamos sentarnos y dedicar tiempo a la Palabra de Dios. Sus ovejas conocen su voz, y no seguirán a otro.

Moisés pagó un precio en ese monte para ver la gloria de Dios. Hubo ayuno, hubo muerte al yo. Moisés tomó decisiones previas a esta visita de Dios que implicaron la muerte de su orgullo, su ego y su confianza en sí mismo. ¿Hemos estado en la zarza ardiente que nos hace ver nuestra falta de recursos naturales para servir a Dios? ¿Hemos aceptado nuestra propia humanidad y hemos visto nuestros fracasos? Moisés le dijo a Dios: «No puedo hablar. Dame a Aarón». Pero una vez que Moisés obedeció plenamente, Aarón no tuvo más nada que decir. Solo Moisés hablaba públicamente, ¡alabado sea Dios!

Una búsqueda diligente de Dios es clave para escuchar su voz. Pablo lo demostró en su ayuno. Durante tres días, oró, ayunó y buscó a Dios. Mientras tanto, Ananías recibió revelación, y Dios lo envió a Pablo. Pablo recibió entonces la revelación de la venida de Ananías, y aquí se le revela con mucha claridad la guía espiritual. Pero Pablo no estaba sentado sin hacer nada, Pablo estaba en oración, ayunando, y Dios le reveló la dirección de su ministerio gracias a su comunión con el Señor.

No escucharemos la voz de Dios si no dedicamos tiempo a la oración y al ayuno. La Biblia no dice «si oras» ni «si ayunas». Dice «cuando oras» y «cuando ayunas». Entonces, tenemos que tener una vida disciplinada: una vida de oración y una vida de ayuno.

En Salmos 25:5, en el Espíritu del Señor, el salmista dice: «Encamíname en tu verdad, y enséñame, porque tú eres el Dios de mi salvación; en ti he esperado todo el día». Aquí nuevamente está esa búsqueda diligente. El salmista esperaba en Dios, y el clamor de su corazón era: «Encamíname en tu verdad». Pero sabía que la guía hacia la verdad no llegaría de forma casual. Dice: «En ti he esperado todo el día. Señor, no me moveré hasta oír de ti. He decidido esto y esperaré en ti. De madrugada te buscaré». A medida que comencemos a tener esta actitud de corazón, el Espíritu de Dios podrá guiarnos.

Quiero enfatizar la necesidad de esperar en Dios en oración. No nos sentemos simplemente a leer un capítulo para terminar nuestros devocionales rápido. Abramos la Palabra de Dios y guardemos silencio para escuchar su voz. No importa cuántos versículos leamos, se trata de que Dios nos hable o no. Guardemos silencio y meditemos en la Palabra de Dios. Lo que me gusta hacer es abrir la Palabra y leerla en voz alta, ya sea el libro de los Salmos, Proverbios o cualquier libro que esté estudiando. La Biblia habla de susurrar, meditar, dejar que la Palabra de Dios salga de nuestras propias bocas. A menudo, mientras nuestros ojos la contemplen y nuestras bocas la expresen, el Señor nos dirá una palabra, *rhema* (palabra dinámica y viva de Dios), que surgirá y traerá vida, fe y refrigerio. Pero esto no sucede de un momento a otro. Necesitamos guardar quietud.

Personalmente, siempre me aseguro de tener un bolígrafo y un cuaderno para anotar mis pensamientos. Parece que cada vez que abro la Palabra queriendo escuchar, empiezo a pensar: «¿Ah, te acuerdas de que tienes que comprar leche?». De repente, el cereal se convierte en el pensamiento principal. Así que lo anoto: «Leche». Y empiezo a orar de nuevo: «Señor, solo quiero adorarte. Necesito escuchar tu voz. Padre, solo quiero ser más como tú. Necesito tu refrigerio. Quiero ser fortalecido, estar en tu... ¿A qué hora fue esa cita? Ah, sí, a las diez treinta». Descubriremos que tenemos que volver a todas esas cosas por las que oramos antes de quedarnos en silencio y probablemente orar de nuevo por ellas. Esta vez, podemos orar de verdad. Esta vez, podemos escuchar de verdad. Una vez que todo eso desaparezca, estaremos en un lugar donde podremos empezar a susurrar la Palabra y a escuchar lo que Dios nos dice. Esto es muy importante.

Y ya que estoy compartiendo prácticas personales, compartiré una más. Cuando siento que Dios me habla, recurro a las palabras de Jesús. Empiezo a leer el texto en letras rojas y me pregunto: «¿Qué dice Jesús sobre esta situación en la que me encuentro o esta decisión que estoy tomando?». Mientras el Espíritu Santo me habla, sé que no hablará de sí mismo, sino de las cosas que Jesús dijo. Reiterará lo que dijeron los profetas inspirados por él. Si lo que escucho concuerda con la Palabra de Dios, entonces tengo la seguridad de que esto glorificará directamente a Dios.

Por supuesto, en ese sentido, hay que tener cuidado de no empezar a hacer un uso selectivo del texto. ¿Alguna vez nos hemos encontrado abordando la Palabra de Dios con una decisión ya tomada? Sabemos lo que queremos hacer y queremos encontrar la manera de justificarlo. No me refiero a justificar el pecado. Solo hablo de preferencias. Quizás nos gustaría ser mucho más expresivos en nuestra adoración. Entonces, encontramos versículos como: «Pueblos todos, batid las manos; aclamad a Dios con voz de júbilo» (Salmos 47:1).

Obviamente, ese pasaje es verdad, pero no podemos dejar de lado: «Estad quietos, y conoced que yo soy Dios» (Salmos 46:10). Hay versículos que hablan del silencio, y versículos que invitan a hacer mucho ruido, pero ambos se rigen por otro pasaje que dice: «Hágase todo decentemente y con orden» (1 Corintios 14:40). Quienes tienen autoridad espiritual se atienen a las directrices de Corintios. Hay directrices sobre cuántas profecías y cuántos mensajes en lenguas deben darse. Que cada uno venga acompañado con un salmo, una doctrina, una revelación, una lengua y una interpretación. Esa es la voluntad de Dios. Asegurémonos siempre de acudir a las Escrituras en busca de la verdad.

Sin agenda

Cuando oramos, ¿nos presentamos delante de Dios sin agenda, con un espíritu manso, y le decimos: «No se haga mi voluntad, sino la tuya. Habla, Señor. Tu siervo te escucha»? Escuchar es obedecer. No hemos escuchado la voz de Dios hasta que la obedecemos. Muchos solo estamos dispuestos a *considerar* la voz de Dios. Si nos presentamos con esa disposición, entonces él no nos hablará. Esa voz que oiremos será nuestra propia voz o la voz de un ángel de luz, pero no será la voz de Dios. Él conoce nuestro corazón y no hablará si solo queremos considerar su opinión. Él es el Señor, ¿amén? Él habla y espera obediencia incondicional.

¿No fue así como Jesús interactuó con nuestro Padre celestial? Regresemos a Juan 5 por un momento y escuchemos lo que Jesús dice ahí. En Juan 5:30 Jesús dijo: «No puedo yo hacer nada por mí mismo; según oigo, así juzgo; y mi juicio es justo, porque no busco mi voluntad, sino la voluntad del que me envió, la del Padre». Leamos Juan 6:38: «Porque he descendido del cielo, no para hacer mi voluntad, sino la voluntad del que me envió». Lo repito: si queremos escuchar la voz de Dios, no debemos acercarnos con nuestra propia agenda. No podemos ir a la presencia de Dios buscando filtrar su Palabra con nuestros apetitos y decir: «Ordena mis pasos en tu Palabra».

Acerquémonos a él con la mente en blanco. Acerquémonos a él con un corazón humilde. Acerquémonos a él con un espíritu manso. Digamos en oración: «Señor, abre mis ojos para que pueda contemplar las maravillas de tu Palabra: esa revelación, esa verdad que puede manifestarse, fortalecerme y guiarme en este momento». Este es el tiempo de una gran apostasía, el tiempo en que los hombres amontonan para sí maestros acorde a sus propios deseos, teniendo comezón de oír. Dicen: «Profetízanos lo que queremos oír. Dinos que hay paz, seguridad, prosperidad y que estamos bien».

Necesitamos descubrir lo que Dios está haciendo y participar, en lugar de intentar que Dios bendiga nuestros pequeños proyectos personales. Necesitamos escuchar lo que el Espíritu le dice a la Iglesia. Él no nos dice que nos involucremos en todas estas causas sociales y políticas, como el aborto. Lo que el Espíritu le dice a la Iglesia es: «Voy a purificarte, porque volveré para llevarte conmigo». Así que no intentemos detener el aborto, el abuso infantil ni ningún otro problema doméstico de nuestros días. Vayamos y procuremos que, mediante nuestra predicación de Jesús, las personas se conviertan. Cuando las personas se salvan, no consumen drogas ni abusan de los niños, ¿amén? Esa es la solución al problema.

Debemos acercarnos a Dios sin ideas preconcebidas. Nos metemos en problemas porque tenemos una mentalidad preconcebida de las «obras» que Dios quiere que hagamos. Nos basamos en obras, desempeño o rectitud personal. Por eso, no tenemos la capacidad de descansar y dejar que Dios obre en nuestra vida a través de las circunstancias para ponernos donde él quiere. En cambio, nos esforzamos por demostrarle algo a Dios: cuán comprometidos, diligentes y apasionados somos por él. No se debe malinterpretar lo que digo. De ninguna manera eso nos da permiso para volvernos apáticos o complacientes. Creo que Dios nos mantendrá muy ocupados con los asuntos de su reino. Me refiero a que la mayoría nos basamos en nuestro propio entendimiento. Tenemos confianza en nuestra propia percepción de las circunstancias, de lo que es la verdad, de lo que significa estar apasionados por Dios. Entonces nos metemos en diversos conflictos porque pensamos que, a menos que alguien haga exactamente lo que hacemos nosotros, no está apasionado por Dios. Dios dijo: «Id por todo el mundo y predicad el evangelio». ¡Gloria a Dios! Sí, lo dijo. También dijo: «Estad quietos y sabed que yo soy Dios». Uno se deja llevar por la actitud de Marta, ocupándonos de hacer cosas para Dios, en lugar de adoptar el espíritu de María, quien tuvo la mayor bendición al sentarse a los pies de Jesús y conocer el corazón de Dios. Me gusta lo que leí en *Needed: A Reformation Within the Church* (Se necesita una reforma dentro de la Iglesia), uno de los libros de A. W. Tozer: «La mayor responsabilidad del cristiano no es anunciar el evangelio, sino ser digno de anunciarlo». Me gusta esa cita. Debemos pasar nuestro tiempo en comunión con él. Tenemos que conocer el corazón de Dios si vamos a proclamar el evangelio con el mismo espíritu, compasión y precisión que nuestros antepasados espirituales. Esa comunión con el Padre nos permitirá confiar en el Señor con todo nuestro corazón. Tendremos fe en la soberanía de Dios y confiaremos en que él puede hacerse cargo de todos los jefes impíos, los gobiernos débiles y falibles o cualquier cosa que necesite ser cambiada.

Carácter

La revelación y la guía de Dios nos llegarán en relación directa con nuestro carácter, nuestra pureza y el propósito de nuestro corazón. No se trata de tener una comprensión o guía específica. Si alcanzamos a ser este hombre que agrada a Dios, entonces él podrá llevarnos adonde él quiere. El Espíritu intercede por nosotros conforme a la voluntad de Dios (Romanos 8:26-27). ¿Nos estamos apartando y santificando para que él pueda llevarnos a donde él quiere? Cuanto más santificados estemos, mayor será la seguridad de que permanecemos en la perfecta voluntad de Dios. La guía que recibimos estará en relación directa con nuestra búsqueda de la santidad.

Eso es lo que el Espíritu Santo trata de decir en 1 Pedro 2:15-16: «Porque esta es la voluntad de Dios: que haciendo bien, hagáis callar la ignorancia de los hombres insensatos; como libres, pero no como los que tienen la libertad como pretexto para hacer lo malo, sino como siervos de Dios». Luego comienza a hablar sobre los aspectos prácticos de la voluntad de Dios. Vivamos con contentamiento y gratitud en el rol que Dios nos ha designado. Permitamos que esto nos lleve a la santificación, y entonces podremos estar seguros de que participamos de la perfecta voluntad de Dios para nuestra vida.

Miremos Romanos 12:1-2: «Así que, hermanos, os ruego por las misericordias de Dios, que presentéis vuestros cuerpos en sacrificio vivo, santo, agradable a Dios, que es vuestro culto racional. No os conforméis a este siglo, sino transformaos por medio de la renovación de vuestro entendimiento, para que comprobéis cuál sea la buena voluntad de Dios, agradable y perfecta [completa, acabada, madura, que obra del propósito de Dios]». Miremos lo que Pablo señala como el factor principal para no conocer ni caminar en la perfecta voluntad de Dios (versículo 3): «Digo, pues, por la gracia que me es dada, a cada cual que está entre vosotros, que no tenga más alto concepto de sí que el que debe tener, sino que piense de sí con cordura, conforme a la medida de fe que Dios repartió a cada uno». Gracias a Dios por cada uno de nosotros que ha recibido esa medida de fe. Él es constantemente la fuente de esa fe para creer y recibir, así que acudamos al Padre en todo esto.

La voluntad de Dios consiste en no conformarnos a los métodos del mundo. No se trata de encontrar el lugar para nosotros en el mundo. Claro, podemos alcanzar el éxito en la vida y alcanzar ciertas metas. Tenemos dones que Dios nos ha dado y podemos usarlos con nuestras propias fuerzas para nuestros propios fines. Pero no se trata de lo que hacemos ni de cómo progresamos en comparación con el mundo. Lo que Pablo dice aquí es: «¿Cómo llegarás a donde vas? No te conformes al método del mundo, sino transfórmate mediante la renovación de tu mente para tomar decisiones y alcanzar metas no mundanas».

¿Cómo decirlo de otra manera? Son las bendiciones del Señor las que enriquecen, y no añaden tristeza (Proverbios 10:22). No lo hagamos a la manera del hombre. Si Dios no nos las da, entonces no estamos interesados. Cuando el Espíritu del Señor le habló a Moisés y le dijo: «Sube, te daré la tierra», Moisés respondió: «Si tu presencia no ha de ir conmigo, no nos saques de aquí» (Éxodo 33:15). No se trata de las cosas; se trata de la presencia de Dios. Mientras miramos a nuestro alrededor, ¿podemos decir: «No se trata de esta persona en particular, no se trata de estas posesiones en particular, sino del hecho de que tú, Señor, me las diste y tu presencia está con ellas»? De hecho, el Padre ha tenido que apartarnos de muchas de las cosas en nuestra vida porque se han convertido en ídolos y tesoros. Hemos apagado el Espíritu debido a nuestra ambición y nuestra codicia. Podemos lograr cosas con nuestras propias fuerzas, pero Dios quiere que seamos santificados. Él quiere que estemos apartados.

Si buscamos la voluntad de Dios, dejemos de poner énfasis y energía en pensar: «¿Es esta la voluntad de Dios? Simplemente no lo sé. ¿Es esa la persona con la que debería casarme? ¿Es ese el trabajo que debería aceptar? ¿Es esa la casa que debería comprar?». ¿Nuestra mente nos hace eso? ¿Estamos confundidos, atormentados e insatisfechos? Entonces, retrocedamos y digamos: «Voy a renovarme espiritualmente y entonces estaré en la voluntad de Dios. Voy a dejar de hablar, buscar y pensar en estas cosas, y voy a empezar a pensar en santificarme más». ¿Amén? Todo esto va a empezar a aclararse, se va a ir ordenando solo. Comenzarás a buscar a Dios, y, de repente, ¡del cielo caerá un hombre alto, moreno y guapo! Aterrizará justo a tu lado en su Lamborghini nuevo, con billetes de cien dólares colgando de su bolsillo, hablando en lenguas e imponiendo las manos a los enfermos... ¡y te llevará en su coche blanco! Con solo leer esto, de repente, surge el pensamiento: «¡Alabado sea Dios!». ¿Lo ven? Estamos en problemas otra vez. Lo importante acá es la santificación; se trata de cómo llegaron las cosas, no de qué cosas son. ¿Amén?

La voluntad de Dios es nuestra santificación. Nada más nos va a satisfacer. De hecho, un segundo marido con un Ferrari y un yate tampoco te dará satisfacción. Tampoco lo hará el tercer marido con su avión privado. ¿Por qué? Porque si no hay contentamiento, terminamos siguiendo el camino del mundo. En la carne, no somos diferentes a los demás. ¿Qué nos hace diferentes? ¿Qué nos hace fieles a nuestro cónyuge? Es la presencia y la gloria de Dios. Nos engañamos si pensamos que nuestro «hombre natural» es diferente. Nuestra búsqueda de la voluntad de Dios, que es la santificación, es lo que nos impide arruinarlo todo como lo hace el mundo.

Cuando comencemos a comprender estas cosas, podremos escuchar mejor esa voz apacible y delicada que dice: «Este es el camino, andad por él» (Isaías 30:21). Recordemos la secuencia de eventos en la vida de Jesús. Él no comenzó su vida ni su ministerio diciendo: «Si es posible, pase de mí esta copa». Su idoneidad lo llevó a decir: «Esto es lo que prefiero. Pero no mi voluntad, sino la tuya», al hacer siempre lo que el Padre le decía. «Hago siempre lo que le agrada» (Juan 8:29); «Mi doctrina no es mía, sino de aquel que me envió» (Juan 7:16), y «Las palabras que yo os hablo, no las hablo por mi propia cuenta, sino que el Padre que mora en mí, él hace las obras» (Juan 14:10). No comencemos pidiendo: «Dios, mi preferencia es...». Aprendamos del Maestro que dijo: «No hablo por mi propia cuenta, sino a través de las palabras de mi Padre. Yo tengo un alimento que quienes me rodean desconocen: hacer la voluntad del que me envió y así terminar esta obra».

¿Qué nos hace pensar que podríamos orar diciendo: «Esto es lo que quisiera...», si antes no hemos demostrado fidelidad en obediencia absoluta y confianza en la soberanía de Dios? Jesús no intentaba evitar la cruz. Lo que vemos aquí es la revelación de su humanidad. Fue tentado en todo como nosotros (Hebreos 4:15). No veamos esa situación y digamos: «Ah, él es Dios. No fue ningún problema para él». ¡Sudaba gotas de sangre! ¡Estaba en agonía! ¡Estaba atormentado! Todo en él clamaba contra este último acto de obediencia, pero se trataba de lo que traería mayor gloria a Dios. Se trataba de cumplir con sus deberes de hijo.

Según Efesios 1:5 somos hijos por adopción. ¿Queremos conocer la voluntad de Dios para nuestra vida? Se trata de ser un hijo maduro y crecer. *Uihothesia* es la palabra griega que designa la antigua costumbre de aceptar o adoptar a un hijo natural para un puesto de responsabilidad. La voluntad de Dios, entonces, es que crezcamos y asumamos la filiación o la propiedad en esta empresa llamada el reino de Dios, la Iglesia o el cuerpo de Cristo. Cumplamos nuestro rol dondequiera que, según su voluntad, nos haya colocado en el cuerpo (1 Corintios 12:18). Permitamos que nuestra vida se entrelace con la de quienes nos rodean. La voluntad de Dios es el crecimiento de su cuerpo y el cumplimiento de nuestro rol en ese proceso. Si buscamos estas cosas primero, entonces todo lo demás que intentamos descubrir sobre la voluntad de Dios nos será añadido (Mateo 6:33).

Es obvio. Busquemos primero el reino, busquemos ser santificados, busquemos agradecer por lo que tenemos y por dónde estamos. Continuemos en obediencia y haciendo el bien y silenciaremos todos los consejos necios que nos rodean. Así maduraremos y asumiremos ese rol de hijos adoptivos para el crecimiento del cuerpo de Cristo. Entonces, mientras el Espíritu intercede por nosotros, no nos conformaremos a este mundo, sino que seremos transformados por la renovación de nuestra mente, comprobando cuál es la buena voluntad de Dios, agradable y perfecta: filiación, santificación, ministerio en el cuerpo y mentalidad espiritual en lugar de mentalidad carnal (Romanos 8:26 y 12:2). Los tesoros del mundo, entonces, no son nuestros tesoros; los métodos del mundo, no son nuestros métodos. Cuanto más nos alejemos de las actividades y los asuntos del mundo, más cerca estaremos de la voluntad de Dios.

Todas estas cosas mundanas y temporales en realidad son asuntos sin importancia. Son las que se añaden cuando buscamos primero el reino de Dios. ¿Amén? ¿Qué estoy diciendo? Busquemos primero estar en la relación correcta ante Dios, y él nos dirá cualquier otra cosa que necesitemos saber. Él nos las añadirá en el camino. ¿Cuánto tiempo pasamos pensando u orando sobre el trabajo, el automóvil, el vecindario, la casa o la posible pareja? Ahora comparémoslo con el tiempo que dedicamos a la adoración genuina, purificándonos con el agua de la Palabra y acercándonos verdaderamente a su presencia. Acerquémonos a él con un corazón quebrantado y digámosle: «Crea en mí, oh Dios, un corazón limpio, y renueva un espíritu recto dentro de mí. No me eches de delante de ti, y no quites de mí tu santo Espíritu» (Salmos 51:10-11). Busquemos la voz de Dios para que nos ayude a ser más como Jesús. No nos obsesionemos con todo lo demás.

Conclusión

La guía divina no consiste en un misterio. Se trata de fe en la soberanía de Dios. Él está dirigiendo nuestros pasos y puede llevarnos del alfa al omega si estamos dispuestos a buscar primero su reino. Entonces, todos los demás aspectos de nuestra vida serán orquestados por su perspectiva eterna, no por nuestras perspectivas limitadas. Nos preocupamos por tantas cosas y deseamos entender tantas otras. «Señor, ayúdame a ver qué pasará si hago esto, aquello y esto otro», pero Dios ya lo sabe.

Comprar una casa nueva o cambiar de trabajo no son asuntos importantes. Lo importante es dar testimonio a nuestros vecinos y compañeros de trabajo. ¿Somos como Dios quiere que seamos? Si lo somos, él nos llevará a donde él quiere.

Capítulo 4

Nuestro fundamento

«Ordena mis pasos con tu palabra, y ninguna iniquidad se enseñoree de mí» (Salmos 119:133).

La guía general se basa en la revelación de la Palabra de Dios. En la Biblia, Dios dio estatutos morales y también dio directrices u orientación sobre las ordenanzas levíticas a la nación de Israel. Ese pueblo no tenía que orar sobre lo que debía o no debía comer ni sobre lo que haría en el *sabbat*. Ya estaba establecido para ellos. Por lo tanto, la guía fue establecida por los mandamientos de Dios, y sigue siendo la misma hoy. La guía general para nuestra vida está establecida por los mandamientos de Dios. Así es como él espera que caminemos. Si la obediencia general no gobierna nuestra vida, fallaremos en el rumbo que elijamos. Es muy importante que le demos a esto la prioridad que merece.

El primer método por el cual Dios habla, guía y dirige a su pueblo es la Palabra de Dios. Si no conocemos la Palabra de Dios, seremos engañados. Nunca podremos andar en la voluntad de Dios sin conocer la Palabra de Dios. Nunca escucharemos la voz del Espíritu Santo si no conocemos la Palabra de Dios. Lo único que tenemos que hacer es dedicar tiempo a saturar nuestro espíritu con la Palabra de Dios.

Proverbios 4, a partir del versículo 11, dice: «Por el camino de la sabiduría te he encaminado, y por veredas derechas te he hecho andar. Cuando anduvieres, no se estrecharán tus pasos, y si corrieres, no tropezarás. Retén el consejo [sabiduría, el conocimiento de Dios, la Palabra de Dios] no lo dejes; guárdalo, porque eso es tu vida». También podemos retroceder un par de versículos, porque el capítulo 4 es un pasaje extraordinario de las Escrituras. Los versículos 7 y 8 dicen: «Sabiduría ante todo; adquiere sabiduría; y sobre todas tus posesiones adquiere inteligencia. Engrandécela [la Palabra de Dios, la sabiduría de Dios], y ella te engrandecerá; ella te honrará, cuando tú la hayas abrazado». No oremos por cosas sobre las que Dios ya ha hablado. Conozcamos la Palabra de Dios. Conozcamos su voluntad. Simplemente exaltemos la sabiduría de Dios. Tomemos la determinación de hacer las cosas tal como lo dice la Palabra de Dios, y seremos exaltados. «Engrandécela, y ella te engrandecerá; ella te honrará, cuando tú la hayas abrazado» (verso 8).

Salmos 119

Vayamos a Salmos 119. Este capítulo está lleno de grandes verdades sobre ser guiado por la Palabra de Dios. El versículo 105 dice: «Lámpara es a mis pies tu palabra [la Palabra de Dios], y lumbrera a mi camino». No hay confusión cuando somos hacedores de la Palabra de Dios y la guardamos en el corazón. Cuanto más nos llenemos del conocimiento de Dios y de la mente de Cristo, más capaces seremos de tomar decisiones con un intelecto santificado. Es la sabiduría de Dios que hemos guardado en nuestro corazón para no pecar contra él (Salmos 119:11). Simplemente se vuelve natural. Sus caminos se convierten en nuestros caminos. Sus pensamientos se convierten en los nuestros. Muchas de las cosas que creemos que son nuestras propias decisiones son, en realidad, el Espíritu de Dios hablándonos. No nos atribuyamos el mérito. Simplemente regocijémonos en la misericordia, la sabiduría y las bendiciones de Dios que nos instruyen de esta manera.

La Palabra de Dios es una luz en este mundo oscuro. ¿No nos alegramos por el hecho de tener estas lámparas para guiarnos en el camino? La Biblia dice que cuando caminamos en la luz, no hay ocasión de tropiezo (1 Juan 2:10). «¿Cómo llego a la luz, Señor? Dame revelación. ¿Cómo puedo encontrar esa luz?». Él dijo: «Aquí está la lámpara, justo aquí: mi Palabra. Aquí está la luz. Solo tienes que caminar a la luz de esta lámpara, y no tropezarás». Es imposible caer. Es imposible fallar cuando guardamos sus mandamientos, ¡alabado sea Dios! Es imposible ser derrotados. Él vela por su Palabra. Dios es fiel a los que son obedientes. Su Palabra es verdadera por mil generaciones. Dios vela por su Palabra y la cumple. Aunque fallemos, Dios nunca fallará. Él no puede negarse a sí mismo. La Biblia dice: «Si quisiereis [si acepan ser obedientes] y oyereis, comeréis el bien de la tierra» (Isaías 1:19). La palabra «obediencia» sigue apareciendo. No solo seamos oidores de la palabra, sino hacedores. «Y al que sabe hacer lo bueno, y no lo hace, le es pecado» (Santiago 4:17).

Ahora bien, sé que algunos podemos desanimarnos mucho y decir: «¡Oh, no hice la voluntad de Dios! Estoy perdido. ¡Oh, no sirvo para nada! ¡No hay esperanza para mí!». Pero el cuarto capítulo de Hebreos dice que la Palabra de Dios permanece en nosotros y que «discierne los pensamientos y las intenciones del corazón» (Hebreos 4:12). Aunque le fallemos a Dios muchas veces, él sabe si el deseo de nuestro corazón es hacer su voluntad o no. Las Escrituras dejan en claro que es Dios quien obra en nosotros el querer y el hacer según su buena voluntad. De todos modos, no somos nosotros. No podemos atribuirnos ningún mérito si hicimos algo bien. Es él quien obra en nosotros el querer y el hacer según su buena voluntad. Es la vida de Dios manifestándose en nosotros. No podemos atribuirnos ninguna gloria por las cosas buenas y aceptables que hagamos para él. Él desea vivir su vida a través de nosotros. El factor de la obediencia es simplemente nuestra disposición para dejar que él lo haga.

Cuando nuestra carne empieza a dominar, tomamos malas decisiones y pecamos. Dios sabe que en nuestro corazón aún deseamos hacer la voluntad del Señor. Él nos hablará y nos corregirá con su Palabra, porque somos sus hijos. Él nos ama. Él nos ha elegido. Y debido a su relación con nosotros, él nos corregirá. Luego nos arrepentimos y somos restaurados a la comunión con él. Así es como funciona, y la Palabra se convierte en la fuente que guía nuestros caminos. Cuanto más obedezcamos, menos pérdidas, menos angustias y menos cicatrices tendremos. Su Palabra se convierte en lámpara a nuestros pies y en lumbrera a nuestro camino. Él nos guía por esa senda de vida, la puerta estrecha y el camino angosto.

Miremos lo que el salmista dice aquí en el versículo 130: «La exposición de tus palabras alumbra; hace entender a los simples» (Salmo 119:130). Me gusta la forma tan categórica en que nos llama «simples». Cualquiera que no practique la Palabra es simple.

Luego, en el versículo 133, hace una declaración hermosa. El corazón del salmista clama: «Ordena mis pasos con tu palabra, y ninguna iniquidad se enseñoree de mí». ¿Es ese el deseo de nuestro corazón? ¿Sabemos otra forma de decirlo? Está en el Nuevo Testamento: «No se haga mi voluntad. Hágase la tuya». «Señor, no te pido que vengas a bendecir mis ideas. No te pido que apruebes mis decisiones y lujurias naturales. Quiero que mis pasos sean ordenados por ti. Quiero que me reveles el camino y me digas: "Este es el camino. Anda por él". Hoy elijo la vida. Voy a andar en los mandamientos de Dios». ¿Es ahí donde está nuestro corazón?

Si es así, entonces nos daremos cuenta de que nuestros pasos serán ordenados por la Palabra. No serán ordenados por ninguna revelación externa ni por consenso popular. Dios ya ha revelado el camino por el cual debemos andar como hombres justos, y esto no cambia para nadie. Dios no hace acepción de personas. No va a elegir a una persona por encima de otra basándose en su valor. Él nos tratará según nuestra sumisión y nuestra obediencia. Si hay alguna vasija dispuesta, Dios la llenará de poder y la usará. La Palabra deja claro que si alguien se purifica de las cosas y los principios mundanos, entonces Dios lo hará una vasija de honra.

Miremos el versículo 133 de nuevo: «Ordena mis pasos con tu palabra, y ninguna iniquidad se enseñoree de mí». ¿Cuál es la iniquidad de la que se habla aquí? El pecado no es solo una infracción a la ley moral de Dios. No es solo quebrantar los diez mandamientos. La iniquidad de la que habla el salmista es la iniquidad de la idolatría o de dar credibilidad a la propia voluntad. Es el pecado de confiar en nuestras propias percepciones. ¿No es trágico pensar que nada es verdad hasta que nosotros lo aprobamos? «Tu Palabra es verdad». No tenemos que entenderla hasta el punto de comprender todas las consecuencias y ramificaciones eternas. Solo tenemos que creer, ¡alabado sea Dios!

Lo finito no puede entender lo infinito. Esta Palabra está viva y es poderosa. Es imposible que comprendamos la soberanía de Dios y su infinita sabiduría. Su Palabra es infinita. El pasaje más sencillo de las Escrituras ofrece infinitas posibilidades de ser utilizado por Dios. Simplemente obedezcamos y no permitamos que la iniquidad de nuestra propia voluntad ni la confianza en el brazo de la carne se apoderen de nuestro corazón. Esa debería ser nuestra oración: «No se haga mi voluntad, sino la tuya». El mundo entero está atrapado en la autoestima y el individualismo, pero los cristianos tienen la certeza de su valor. Las masas buscan valor, pero nuestro valor reside en haber sido aceptados en el Amado, ¿amén? Dios nos amó y murió por nosotros. Nos compró y nos redimió para sí mismo con su preciosa sangre. ¡Qué vida tan emocionante se vive aquí en el reino de Dios!

Salmos 119:63 también habla de la necesidad de rodearnos de personas hacedoras de la Palabra de Dios: «Compañero soy yo de todos los que te temen y guardan tus mandamientos». Nos ha sido dada sabiduría sobre con quién debemos tener comunión. «De tus mandamientos he adquirido inteligencia; por tanto, he aborrecido todo camino de mentira» (Salmos 119:104). O como dijo el Apóstol: «Toda altivez que se levanta contra el conocimiento de Dios» (2 Corintios 10:5). Derribemos esa sabiduría natural. «Por eso estimé rectos todos tus mandamientos sobre todas las cosas» (Salmos 119:128). Dios ha hablado sobre todo lo que enfrentaremos en la vida. Él dijo: «Por eso [consideré todo o] estimé rectos todos tus mandamientos sobre todas las cosas, y aborrecí todo camino de mentira». ¡Ese es un pasaje poderoso!

¿Amamos la Palabra de Dios? ¿Nos ofende que la gente hable en contra de la Palabra de Dios o actúe en contra de ella? ¿Cómo nos relacionamos con ella? ¿Sentimos celo por esta verdad? Escucharemos la voz de Dios y conoceremos su voluntad si respondemos a ella como dice el Sabio: «Adorno de gracia dará a tu cabeza [la sabiduría de Dios, la Palabra de Dios]; corona de hermosura te entregará. Oye, hijo mío, y recibe mis razones, y se te multiplicarán años de vida. Por el camino de la sabiduría te he encaminado, y por veredas derechas te he hecho andar» (Proverbios 4:9-11).

Debemos comenzar a deleitarnos en la Palabra de Dios y amarla. Valoremos su sabiduría y no la malinterpretaremos. No intentemos usarla para nuestros propios fines. Siempre me entristece ver que la gente hace eso. Muchos no se dan cuenta de la falta de respeto que le muestran al Padre al degradar la Palabra de Dios e intentar que esta respalde su sabiduría finita. Es una situación muy triste. Solo necesitamos acudir a la Palabra de Dios y dejar que se convierta en la fuente de toda nuestra vida y de nuestra paz. Podemos descansar en esta Palabra. «En mi corazón he guardado tus dichos, para no pecar contra ti» (Salmos 119:11). Leamos esto en el contexto de lo que se dice en este capítulo. Guardemos la Palabra de Dios en nuestro interior para no tomar decisiones basadas en nuestro propio corazón. Guardemos su Palabra en nuestro corazón para no «orar sobre» cuál es la voluntad de Dios, sino simplemente hacerla. El deber fundamental del hombre es temer a Dios y guardar sus mandamientos.

Cuando escuchemos esa vocecita interior, debemos ser capaces de encontrar principios bíblicos claros que la respalden. No pasajes ambiguos ni confusos que justifiquen nuestra voz. El Espíritu Santo no dirá nada contrario a la Palabra de Dios, porque él es el Autor. Es muy importante que nos demos cuenta de esto. Dios y su Palabra son uno.

La palabra profética más segura

¿Nos imaginamos ver la transfiguración de Jesús, como Pedro, Santiago y Juan en el monte, según Mateo 17? ¡Qué revelación tan increíble! ¡Qué experiencia! La presencia manifiesta de Dios se hizo tan real que su gloria comenzó a brillar por cada poro del cuerpo de Jesús. La luz y la gloria de Dios comenzaron a resplandecer, y él se transfiguró ante los ojos de ellos. Dios habló desde el cielo y dijo: «Este es mi Hijo amado, en quien tengo complacencia. A él oíd». ¿No nos gustaría tener una experiencia así? Claro, sería emocionante. No hay nada de malo en ello, pero Pedro lo relata como un creyente más maduro en 2 Pedro 1:18-21 y dice: «Y nosotros oímos esta voz enviada del cielo, cuando estábamos con él en el monte santo». Y después de esta increíble experiencia, Pedro dice: «Tenemos también la palabra profética más segura, a la cual hacéis bien en estar atentos como a una antorcha que alumbra en lugar oscuro, hasta que el día esclarezca y el lucero de la mañana salga en vuestros corazones» (versículo 19). Eso es lo que esta Palabra es para nosotros. Este es un mundo oscuro y vil, dominado por un montón de mentiras y engaños demoníacos. ¿No nos alegra que la luz de la Palabra de Dios brille en este lugar oscuro? Aclarará cualquier confusión que tengamos, y es nuestra única esperanza de liberación.

Pedro continúa diciendo: «Entendiendo primero esto, que ninguna profecía de las Escrituras es de interpretación privada, porque nunca la profecía fue traída por voluntad humana, sino que los santos hombres de Dios hablaron siendo inspirados por el Espíritu Santo» (versículos 20-21). La Biblia no es la opinión humana. No es algo que haya surgido filosóficamente de la mente humana. Esta es la mente, la revelación y el corazón de Dios. Se nos revela como una palabra profética más segura. En otras palabras, toda expresión profética y toda voz que escuchemos de ahora en adelante debe contrastarse con la Palabra. Es la Palabra más segura, independientemente de cualquier voz, revelación, profecía o expresión que escuchemos externamente o en nuestro interior. Quizás digamos: «Oh, he oído la voz de Dios. Sé que es Dios. Tengo ese testimonio interior. He oído una voz audible. Un ángel se me apareció y me dijo que esta es la palabra del Señor». No me importa. Cada palabra que escuchamos debe compararse con esta Palabra más segura. Si no comparamos ambas, terminaremos engañados, especialmente en estos días cuando tantas voces claman por ganarse nuestra mente.

Dios habla a veces a través de visiones y sueños. ¡Cuánto se ha abusado de eso! La gente se obsesiona tanto con encontrar algo espectacular que se pierde lo sobrenatural. Creo que la mayoría preferiría lo espectacular. Pero lo que he descubierto es que Dios casi siempre habla a través de la palabra profética más segura.

Conclusión

Todo lo que escuchemos a través de sueños, visiones, voces audibles o conocimiento intuitivo debe compararse con la Palabra de Dios. Es la palabra más segura. Que Dios sea veraz, y que mis experiencias sean mentira si no concuerdan con la Palabra de Dios. Sin embargo, muchos dan credibilidad a sus experiencias y dicen: «Simplemente creo que Dios me está diciendo esto». Pero ¿cómo se condice eso con la Palabra de Dios? «Simplemente lo sé». ¿Qué sabemos? ¿Conocemos nuestras propias voces? ¿Conocemos nuestro propio corazón? ¿Conocemos el corazón del hombre que se exalta contra el conocimiento de Dios en esta generación? ¿Sabemos que muchos han recorrido ese camino antes que nosotros y han naufragado en su fe?

Es importante que, al comenzar este camino de fe y bajo el señorío de Jesús, no empecemos a pensar que podemos edificar como queremos. «Pero cada uno mire cómo sobreedifica» (1 Corintios 3:10). Asegurémonos de que todo lo que hagamos represente el señorío de Jesús y el reino de Dios. No tomemos decisiones pensando: «Como todos lo hacen, debe ser aceptable». No somos como todos los demás. Formamos parte de un pueblo peculiar y de un sacerdocio real. No podemos vivir como el mundo ni tener los mismos tesoros que ellos. Eso no es lo que debemos buscar. Busquemos primero el reino de Dios, y luego, en su soberanía, todas estas cosas nos serán añadidas.

Capítulo 5

La autoridad final

«Y Jehová volvió a aparecer en Silo; porque Jehová se manifestó a Samuel en Silo por la palabra de Jehová» (1 Samuel 3:21).

A ntes de poder caminar en la voluntad del Señor, tenemos que saber cuál es. Tenemos que ser capaces de poder escuchar la voz de Dios, esa voz apacible y suave que dice: «Este es el camino, andad por él». Todos quieren conocer la voluntad de Dios para sus vidas, pero la quieren detallada de principio a fin. ¿No es así como queremos escuchar a Dios? Queremos que nos la entreguen seres angelicales, que esté escrita en la pared o que la pronuncie una voz audible desde el cielo. Así sabríamos que realmente hemos escuchado la voz de Dios. Trágicamente, ese es un malentendido común sobre cómo Dios ha elegido hablarnos. Dios puede usar ángeles, voces audibles, un testimonio interior o alguna otra forma de revelación externa. Pero ha elegido una manera infalible de revelarnos su voluntad: la Biblia. Es necesario que comprendamos esto.

Hay una declaración muy interesante en 1 Samuel 3:21: «Y Jehová volvió a aparecer en Silo; porque Jehová se manifestó a Samuel en Silo por la palabra de Jehová». El Señor se manifestó mediante su Palabra. ¿Qué énfasis le estamos dando a la Palabra de Dios? Esto no es solo un estudio bíblico. No es un hombre que nos habla, sino, como dijo Pablo, «según es en verdad, la palabra de Dios» (1 Tesalonicenses 2:13). Pero a la gente le encanta decir: «El Señor me habló». Así que siempre pregunto: «¿Cómo se condice eso con la Palabra de Dios?». Muchas veces, la respuesta es: «Simplemente lo sé. Sé que Dios me habló. Estoy convencido de que esta es la voz de Dios. Mis circunstancias son diferentes, y no creo que ese principio bíblico realmente se aplique a mí. Estoy en paz». Amados, simplemente aferrémonos a su Palabra profética más segura.

Falsas doctrinas y falsos profetas

Creo que la Palabra de Dios es preciosa en estos tiempos. Vivimos en una época en la que la gente simplemente repite lo que ha oído decir a otros. Intento estar al tanto de lo que dicen muchos de los ministerios visibles, como los de los medios de comunicación a nuestro alrededor. Muy pocos nos traen una palabra fresca de Dios que sea aplicable al momento. Hay mucha doctrina que ofrecen personas que solo se sientan y enseñan la Biblia. Amados, no basta con solo estudiar y enseñar la Palabra de Dios. Dios habla con dinamismo. Dios habla para el momento presente. Dios habla para que las cosas sucedan, no solo para educarnos. Dios habla y exige un cambio. Dios habla para marcar un rumbo. Dios habla para revelar su majestad y su gloria.

Así que, como estudiantes solamente, no estamos escuchando la voz de Dios. Estamos escuchando la voz de los hombres (maestros, instructores). Hay un tiempo y un lugar para eso, pero vivimos en una época en la que los maestros de Dios necesitan una nueva visitación de su Espíritu. No me refiero a una nueva revelación. No hay nueva revelación. Me refiero a un regreso a la Palabra de Dios y no a las doctrinas populares de cada generación. ¿A quién estamos escuchando?

No sé si somos conscientes de ello, pero se está produciendo una gran apostasía en todo el reino de Dios. Necesitamos orar y creer que

Dios protegerá a su pueblo en esta hora. Muchos se apartarán de la fe, prestando atención a espíritus seductores, doctrinas demoníacas y al espíritu del anticristo. La gente no está siendo desviada hacia el diablo, ni hacia los males evidentes. Se están dejando llevar por un Cristo falso, fabricado por el hombre y de carácter humanista. Dicen: «Mi Jesús no haría eso». Pero el Jesús de la Biblia sí lo haría. ¿A cuál de los dos se está sirviendo hoy? ¿Cuántas personas realmente lo lograrán en estos últimos días?

Me entristeció escuchar una entrevista en televisión a uno de los líderes «cristianos» más prominentes de nuestros días. La absoluta incapacidad de este hombre para defender públicamente a Jesús fue muy triste. De hecho, le dio credibilidad al islam, al mormonismo y a otras religiones orientales al afirmar que aman a Dios y lo buscan. ¿Cuánto más fácil habría sido decir: «Jesús dijo: "Yo soy el camino, y la verdad, y la vida; nadie viene al Padre, sino por mí"» (Juan 14:6)? ¿Amén? Pero supongo que era más fácil ser tolerante e intentar lograr la armonía entre los hombres comprometiendo la verdad. Esa es la doctrina del día: tolerancia y aceptación. Y si defendemos la Palabra de Dios, nos llamarán intolerantes. Estaremos entre aquellos a quienes el espíritu del anticristo y el falso profeta tendrán que destruir en esta generación. ¿Estamos listos para tomar estas decisiones y aferrarnos a la Palabra de Dios, decisiones por las que algún día podríamos tener que morir? ¿Quién hubiera pensado que, en Estados Unidos, el cristianismo sería el sector más perseguido de nuestra sociedad? Está sucediendo en esta generación. Y estos defensores de la tolerancia y el compromiso están cobrando tanta importancia que muchos cristianos practicantes las aceptan como verdad.

En los últimos días, falsos profetas se levantarán y engañarán a muchos. Ellos van a traer doctrinas que se enfocan y adoran a la criatura más que al Creador. Los profetas de antaño dijeron que los hombres iban a amontonar para sí a estos falsos profetas diciendo: «Decidnos cosas halagüeñas» (Isaías 30:10). Las Escrituras nos dicen que en los últimos días la gente, «teniendo comezón de oír, se amontonarán maestros» (2 Timoteo 4:3), y que al pueblo parece que le gusta la situación (Jeremías 5:31). Así pues, las Escrituras dejan claro que, en los últimos días, habrá mucha gente que llamará verdad a lo que no es la Palabra de Dios. Promoverán a un Jesús del siglo XXI, pero no un Jesús bíblico. Será un Jesús de compromiso, pero no el de la Palabra de Dios.

Justo el otro día, estaba leyendo algo muy interesante sobre Mahoma. Cuando Mahoma salía y meditaba, oía voces. Le preocupaba que lo que oía fuera demoníaco y no la voz de Dios, así que lo primero que hizo fue acudir a un cristiano. Acudió a un cristiano y le dijo: «He oído estas voces. He recibido estas revelaciones, y realmente no sé qué hacer con ellas. Me preocupa que tal vez sean demoníacas». Este consejero cristiano le dijo: «Oh, no. Tiene que ser la voz de Dios». ¿Cuántos de nosotros sabemos que fue un mal consejo? Me pregunto por qué ese cristiano le dio ese tipo de consejo a este joven que estaba buscando a Dios. Fue porque el consejero no tenía un estándar. No conocía la Palabra más segura. Si ese «cristiano» hubiera conocido la Palabra de Dios, se hubiera dado cuenta de que no se puede añadir o quitar nada a las Escrituras. Al mundo se le ha dado la Palabra más segura, y no necesita a hombres como Mahoma o José Smith con sus nuevas revelaciones. Lo que se necesita son verdaderos hombres y profetas de Dios que clamen: «Este es el camino, andad por él». Desafortunadamente, la Iglesia tendrá que lidiar con falsos profetas hasta que el Señor regrese. Yo no pienso caer en el engaño, simplemente porque me apresuro a comparar lo que cualquiera me dice con la Biblia.

Somos responsables de procurar con diligencia presentarnos a Dios aprobados, como obreros que no tienen de qué avergonzarse, que usan bien la palabra de verdad (2 Timoteo 2:15). ¿Por qué? Para que cuando escuchemos los consejos de nuestro consejero espiritual, sepamos si es la Palabra de Dios o no. Tenemos la responsabilidad de ser tan nobles como los bereanos, de escudriñar las Escrituras para averiguar si estas cosas son así. Tenemos la responsabilidad de conocer la Palabra de Dios.

En las últimas décadas, ha sido muy trágico ver que los ministros que han sido una bendición para la Iglesia ya no enseñan la Palabra de Dios. Puedo pensar en un hombre que ha afectado mi vida y me ha bendecido tanto como cualquier otro. Lo oí hacer una declaración que me apenó: «Prefiero estar en unidad con mis hermanos que ser doctrinalmente correcto». Este era un hombre que se aferraba a la Biblia y predicaba tanto como cualquiera sobre la integridad de la Palabra de Dios. Y ahora ha comprometido la Palabra de Dios para estar en común acuerdo con el hombre. Ya no puedo seguir ese tipo de enseñanza; aunque estoy agradecido por las cosas buenas que recibí y que cambiaron mi vida, no tengo ningún deseo de seguir un ministerio que ha escogido la carne sobre la revelación de la Palabra de Dios. Por eso, debemos comparar siempre lo que se predica con la Palabra de Dios. Que Dios sea verdadero, y todo hombre mentiroso.

Elijan la vida

Echemos un vistazo a 2 Reyes 22. En el versículo 8, Josías encuentra la Palabra del Señor y nos dice: «He hallado el libro de la ley en la casa de Jehová». Me gusta mucho ese pasaje, ¿estamos de acuerdo? Trágicamente, sin embargo, fue descuidado y no se hizo referencia a él durante mucho tiempo. Nuestras iglesias son así hoy en día. Están llenas de psicología, humanismo y el evangelio de la «autoestima». Se niegan a tratar el pecado en la vida de los individuos. Muchas iglesias evangélicas de hoy describen la Biblia como infalible e inspirada por Dios, pero se burlan de la Palabra de Dios viviendo sus vidas de acuerdo con la ética situacional y el pensamiento existencial.

Aquí es donde Israel se encontraba en su carnalidad, y cada hombre hacía lo que era correcto a sus propios ojos. Josías encuentra la Palabra del Señor, cuando el sacerdote Hilcías se la trae. «Y cuando el rey hubo oído las palabras del libro de la ley, rasgó sus vestidos» (versículo 11). Y luego, el versículo 13 dice: «Id y preguntad a Jehová por mí, y por el pueblo, y por todo Judá, acerca de las palabras de este libro que se ha hallado; porque grande es la ira de Jehová que se ha encendido contra nosotros, por cuanto nuestros padres no escucharon las palabras de este libro, para hacer conforme a todo lo que nos fue escrito». Entonces, la autoridad final no es el pacto que se hizo con Abraham. En este punto en particular, ellos todavía eran preservados como pueblo a través de las ordenanzas levíticas, pero ahora, individualmente, ellos tenían que elegir cumplir la Palabra de Dios.

Tendremos que enfrentarnos a esta decisión en la vida. ¿Qué le vamos a preguntar a Dios? ¿Qué trabajo debo tomar? ¿Con quién debo casarme? ¿Debo comprar esta nueva casa? Cuando la Palabra de Dios se convierte en el punto focal de nuestro corazón, no vamos a perder tiempo orando acerca de las casas, los automóviles y las relaciones. Solo una cosa va a dirigir el curso de nuestra vida: ¿qué puedo escuchar y hacer que sea agradable a sus ojos? Mientras busquemos primero el reino de Dios y su justicia, las demás cosas serán automáticamente añadidas.

Se trata de elecciones. Eso es todo lo que es. Es solo acerca de elecciones. O se toman decisiones correctas o se toman decisiones equivocadas. «Os he puesto delante la vida y la muerte [...]; escoge, pues, la vida, para que vivas». ¿Pensamos acaso que es una elección fácil? Si cada decisión fuera tan fácil, ¿sabríamos tomar la decisión correcta? Quiero decir que cada decisión se reduce a esto: vivir o morir. ¿Cuál vamos a elegir? ¿Cuántos de nosotros podríamos elegir la opción correcta cada vez? Entonces, tengo buenas noticias, eso es exactamente de lo que está hecha la vida cristiana. Elegimos ser obedientes a la Palabra de Dios, y elegimos la vida. Elegimos seguir por el camino del hombre natural, de la carne, y elegimos la muerte. El que siembra para la carne cosecha para destrucción. Es realmente así de simple.

Conclusión

Cada decisión que tomamos es una elección de vida o muerte. Estamos escogiendo obedecer la Palabra de Dios o rechazarla. Una vez que entendemos esto, tomar decisiones es realmente fácil. Ya no tomamos decisiones basándonos en la satisfacción temporal y momentánea. En cambio, entendemos las consecuencias de las decisiones que estamos tomando. Entendemos la magnitud de la verdad de que cada decisión es aceptar o rechazar el señorío de Jesucristo. Si lo miramos bajo esa luz, nos ayudará a tomar algunas decisiones correctas, ¡alabado sea Dios!

Capítulo 6

El pastor de Dios

«Acordaos de vuestros pastores, que os hablaron la palabra de Dios; considerad cuál haya sido el resultado de su conducta, e imitad su fe» (Hebreos 13:7).

Todo en nosotros clama por independencia. Cada día enfrentamos un entorno de individualidad, independencia y autosuficiencia. Hoy todos dan su opinión en los blogs. Incluso sin tener conocimiento interno de lo que ocurre en el gobierno, todos tienen su opinión al respecto. Sin embargo, uno de los principales métodos de la guía de Dios es el orden divino. El reconocimiento y la confianza en el orden de Dios, en la autoridad espiritual, nos permite ser guiados por nuestros superiores.

Cuando estaba en el ejército, en San Francisco, en Treasure Island, un tipo que tenía un rango un poco superior al nuestro se acercó y dijo: «La voluntad de Dios para ustedes hoy es que limpien estos cubos de basura. Así dice el Señor». ¿Se imaginan qué hicimos? Mientras limpiábamos los cubos de basura, los tres conversábamos entre nosotros. Descubrimos que entre los tres teníamos doce años de estudios universitarios. El hombre que daba las órdenes quizás habría cursado hasta el octavo grado. La cuestión no era su capacidad, sino su jerarquía, su rango. Eso no nos gusta, ¿verdad? Si queremos estar seguros de escuchar la voz de Dios, el orden de Dios es el asunto principal con el que tenemos que lidiar. ¿Tienen las opiniones de los demás el mismo valor para nosotros? El problema es que la mayoría de la gente busca consejo de manera horizontal, de sus pares, en vez de hacerlo de manera vertical, cuando Dios tiene un orden establecido.

Funciones ministeriales otorgadas por Dios a la Iglesia

1 Tesalonicenses 5:12-15 habla del orden de Dios en la Iglesia: «Os rogamos, hermanos, que reconozcáis a los que trabajan entre vosotros, y os presiden en el Señor, y os amonestan; y que los tengáis en mucha estima y amor por causa de su obra. Tened paz entre vosotros. También os rogamos, hermanos, que amonestéis a los ociosos, que alentéis a los de poco ánimo, que sostengáis a los débiles, que seáis pacientes para con todos. Mirad que ninguno pague a otro mal por mal; antes seguid siempre lo bueno unos para con otros, y para con todos». Aquí se está hablando del orden en la Iglesia y de cómo practicarlo diariamente en una comunidad espiritual. La frase «os presiden» es muy interesante. Es la misma palabra griega que se usa en 1 Timoteo 5:17: «Los ancianos que gobiernan bien, sean tenidos por dignos de doble honor, mayormente los que trabajan en predicar y enseñar». Aquí, la palabra se traduce como «gobernar». En Tesalonicenses, la frase «os presiden» se refiere a los ancianos y a las personas que han sido colocadas en el cuerpo de Cristo por Dios como autoridad espiritual. Literalmente significa «estar delante». Significa guiar y dirigir, dar órdenes y orientación, y trazar el rumbo. Dios ha establecido a personas con autoridad espiritual en la Iglesia y las ha capacitado con dones para ejercerla, y él no nos guía independientemente de ellos. Su orden está diseñado para nuestra seguridad y bienestar.

No vamos a encontrar en las Escrituras que cada individuo tenga el mismo ministerio, la misma unción ni la misma responsabilidad que la autoridad delegada por Dios; sin embargo, esta falacia prevalece. Todos tenemos la misma oportunidad de beber de su Espíritu manso, de reconocer su señorío y de vernos a nosotros mismos como siervos inútiles con el privilegio de servir en la función que él escoja. Pero Dios designa a personas con autoridad delegada y pone en nuestra vida a quienes han de marcar el rumbo en lo que concierne a nuestra edificación espiritual. «Y él mismo constituyó a unos, apóstoles; a otros, profetas; a otros, evangelistas; a otros, pastores y maestros, a fin de perfeccionar a los santos para la obra del ministerio, para la edificación del cuerpo de Cristo» (Efesios 4:11-12).

Miremos Hebreos 13:7-8 y 17. El versículo 7 comienza diciendo: «Acordaos de vuestros pastores [...]». La palabra «pastores» es interesante, la acción implícita de los pastores es *guiar o dirigir*. Entonces, este versículo está diciendo que recordemos o reconozcamos a aquellos que dirigen nuestras vidas. ¿Y cómo dirigen nuestra vida? Ellos dirigen hablando y viviendo la Palabra de Dios. Miremos cómo continúan los versículos 7-8: «[...] que os hablaron la Palabra de Dios; considerad cuál haya sido el resultado de su conducta, e imitad su fe. Jesucristo es el mismo ayer, y hoy, y por los siglos». Me encanta la forma en que todo está presentado. Pablo está diciendo que miremos a aquellos que nos están guiando, que sigamos sus vidas como ejemplo, que seamos «imitadores de aquellos que por la fe y la paciencia heredan las promesas» (Hebreos 6:12).

1 Tesalonicenses nos dice que reconozcamos a quienes trabajan entre nosotros y que están sobre nosotros en el Señor. Observemos sus vidas. ¿Representan la doctrina de Dios en todo momento? ¿Nos están guiando según su propia sabiduría o nos están hablando la Palabra de Dios? Así es como se empieza a establecer la autoridad espiritual. No importa quién sea el mensajero. ¿Nos están trayendo la Palabra de Dios? Al observar sus vidas como ejemplos, ¿estamos viendo a Jesucristo como el Señor de sus vidas? ¿Están en el mismo camino, el mismo curso, la misma dirección que él? Los líderes de

Dios no son llevados de un lado a otro por todo viento de doctrina. Pablo dijo: «Síganme como yo sigo a Cristo».

En Hebreos 13:17, él dice: «Obedeced a vuestros pastores, y sujetaos a ellos [...]». Ahí está esa palabra «pastores», refiriéndose a aquellos que están a cargo de dirigir nuestra vida. Cuando se trata de cosas espirituales, ¿cómo nos hablará Dios la mayoría de las veces? Veamos... ¿Aparecerá un ángel con frecuencia? ¿Oiremos una voz audible o tendremos sueños y visiones constantemente? ¿Y acaso eso significaría que no somos responsables de buscar a Dios por nuestra cuenta? Por supuesto que no. Pero la mayoría de las veces, Dios nos hablará a través de los líderes espirituales.

Me preocupa que el cuerpo de Cristo haya ignorado cómo opera el Espíritu de Dios en su Iglesia. De alguna manera, la gente parece pensar que cada individuo puede establecer su propio rumbo espiritual y que lo que escucha es tan vital como lo que dice la autoridad designada por Dios en la Iglesia. Obviamente no necesitamos acudir a nuestros pastores para recibir una palabra del Señor con respecto a cada asunto de nuestra vida. En el Antiguo Testamento, muchas de las acciones de Dios fueron de lo externo a lo interno. En el Nuevo Testamento, Dios comienza obrando en el interior, dentro de nosotros. Dios no inicia su guía a través de las personas que él ha puesto como autoridad espiritual, sino que la confirma a través de ellos. No están fuera de escena. No reaccionemos exageradamente ante ciertos abusos y digamos: «Debo escuchar a Dios. Escucho lo que dicen quienes tienen autoridad sobre mí, pero necesito mi propio mensaje del Señor». Hablamos mucho de fe, pero ¿estamos viviendo por fe? No tenemos que mantener la guardia en alto ni tener cuidado de nosotros mismos. ¿Creemos que es así? ¿Decimos que creemos en el Señor mientras desconfiamos de todos aquellos que él ha puesto en nuestra vida?

Cómo se establece la doctrina

Analicemos Hechos 15. En Antioquía había una pregunta espiritual que debía ser respondida. Era necesario fijar la doctrina y marcar el rumbo de la Iglesia. Algunos hombres de Judea habían venido y enseñado una doctrina que Pablo consideraba errónea: «Como Pablo y Bernabé tuviesen una discusión y contienda no pequeña con ellos, se dispuso que subiesen Pablo y Bernabé a Jerusalén, y algunos otros de ellos, a los apóstoles y a los ancianos, para tratar esta cuestión» (versículo 2). La Iglesia envía a Pablo y Bernabé en su viaje, los bendice y les provee lo necesario.

«Y llegados a Jerusalén, fueron recibidos por la iglesia y los apóstoles y los ancianos, y refirieron todas las cosas que Dios había hecho con ellos» (versículo 4). «La iglesia y los apóstoles y los ancianos». ¿Hay alguna diferencia entre ellos aquí? Hay una clara distinción dentro del grupo que se reunía allí, una distinción entre la autoridad bíblica, las personas con funciones ministeriales dadas por Dios y el pueblo que conforma el cuerpo de Cristo en general. No a todos ellos se les daba la misma credibilidad. No toda la iglesia se reunió para considerar este asunto. Los asuntos no se decidían por votación por mayoría. No quiero que se pierdan lo más importante, así que prestemos mucha atención. ¿Cómo puedo expresarlo de una manera que sea muy diplomática? No les importaba lo que pensaran los demás. No querían escuchar a cada miembro de la iglesia. Estoy exagerando para dejar en claro este punto. La iglesia se quedó afuera mientras los ancianos se reunían para escuchar a Dios. Luego ellos le comunicaron a la iglesia lo que estaba pasando. No fue la iglesia la que informó a los ancianos y a los apóstoles lo que estaba sucediendo.

Puede que pensemos: «Puedo oír a Dios». Sí, podemos oír o escuchar a Dios para nosotros mismos, pero no para la Iglesia. En cambio, los apóstoles y los ancianos sí pueden oír a Dios por nosotros. No funciona en ambos sentidos. ¿Hay alguna excepción cuando alguien viene y ministra? Por supuesto, pero aquí estamos hablando de principios básicos. Dios es soberano y puede hacer lo que quiera. Puede hablar a través de un burro, así que probablemente podría usarnos. Ananías fue enviado para dar una palabra y ministrar al gran apóstol Pablo mientras este esperaba recobrar la vista. Ahora bien, ¿cómo dispuso Dios el funcionamiento de su Iglesia? Muchos creyentes se meten en problemas porque van por ahí escuchando cosas «de parte de Dios» que, según la Biblia, solo deberían provenir del liderazgo espiritual. Al mismo tiempo, algunos creyentes no buscan confirmación de sus líderes espirituales sobre asuntos que, en realidad, deberían surgir de cada creyente. Pero esa confirmación de la autoridad espiritual brinda seguridad y paz de que han escuchado a Dios.

Entonces Pablo y Bernabé bajaron a Jerusalén para tratar el problema que había surgido. Los versículos 5-6 dicen: «Pero algunos de la secta de los fariseos, que habían creído, se levantaron diciendo: Es necesario circuncidarlos, y mandarles que guarden la ley de Moisés. Y se reunieron los apóstoles y los ancianos para conocer de este asunto». ¿Acaso pensamos que todos estuvieron de acuerdo de inmediato? Observemos el comienzo del versículo 7: «Y después de mucha discusión [...]». Aquí se estaba elaborando la doctrina. Las personalidades más fuertes no necesariamente prevalecen. Debemos entender quiénes estaban allí. Estos eran hombres que querían escuchar la voz de Dios. Eran personas que habían oído la voz de Dios, sabían reconocerla cuando la escuchaban. A estos hombres les fue dada la gracia sobrenatural para discernir la voz de Dios. No tenía nada que ver con su capacidad o su espiritualidad innata, sino con el hecho de que Dios los había colocado en ese lugar y los estaba usando como instrumentos, infundiéndoles la revelación necesaria para cumplir su voluntad.

Mientras discutían, Pedro se levantó y dijo (versículos 7-10): «Varones hermanos, vosotros sabéis cómo ya hace algún tiempo que Dios escogió que los gentiles oyesen por mi boca la palabra del evangelio y creyesen. Y Dios, que conoce los corazones, les dio testimonio, dándoles el Espíritu Santo lo mismo que a nosotros; y ninguna diferencia hizo entre nosotros y ellos, purificando por la fe sus corazones. Ahora, pues, ¿por qué tentáis a Dios, poniendo sobre la cerviz de los discípulos un yugo que ni nuestros padres ni nosotros hemos podido llevar?». Pedro les transmite esta palabra de gracia. Mientras los hombres estaban allí sentados escuchando a Pedro, él no tuvo que recordarles que había estado en el monte de la transfiguración. Se trataba de un hombre que oía la voz de Dios.

En el pasado, los otros pastores de nuestra iglesia y yo hemos tratado de compartir con la gente la Palabra de Dios, la voz de Dios y la sabiduría de Dios, todo ello considerado en oración por una multitud de consejeros: hombres que pueden escuchar a Dios y cuyas vidas y testimonios lo demuestran. Pero muy a menudo, aquellos a los que aconsejamos simplemente responden: «Escuché a Dios y lo sé». En muchos casos, sus vidas no producen frutos para el reino, pero dicen: «Sé lo que he escuchado de Dios». ¿Cuánta confianza debemos tener en nuestra propia capacidad para insistir en que oímos la voz de Dios cuando tenemos enfrente a personas que verdaderamente la conocen y cuyas vidas lo evidencian? Podríamos estar frente a un dilema porque hemos acudido a consejeros cuyas vidas carecen de evidencia de santidad en muchas áreas. Necesitamos rodearnos y escuchar a personas que se hayan sentado a los pies de Jesús y hayan escuchado su voz. Debemos agradecer a Dios por quienes nos han ministrado de esa manera.

Las Escrituras dicen que, después de la disputa y de que Pedro hablara, «toda la multitud calló, y oyeron a Bernabé y a Pablo, que contaban cuán grandes señales y maravillas había hecho Dios por medio de ellos entre los gentiles» (versículo 12). Nuevamente vemos hombres de experiencia, hombres con testimonios, hombres que dan fruto. ¿A quién vamos a buscar para confirmar esa palabra que escuchamos? ¿Con quién vamos a hablar, con nuestros mejores amigos?

Luego, toma la palabra Jacobo: «Varones hermanos, oídme. Simón ha contado cómo Dios visitó por primera vez a los gentiles, para tomar de ellos pueblo para su nombre. Y con esto concuerdan las palabras de los profetas» (versículos 13-15). Como vemos siempre debemos «ascender» a lo que dice la Palabra de Dios. Aunque el fruto y el testimonio de Pedro fueran impactantes, y por más grandes que fueran Pablo y Bernabé, es Jacobo, el anciano principal, quien declara la voz de Dios en ese momento. Analiza la evidencia presentada y comprueba que concuerda con la Palabra de Dios. Debido a la evidencia existente y la voz de los profetas, llegan a una decisión, y Jacobo pronuncia su opinión (versículo 19).

Hombres elegidos

Luego, el versículo 22 dice: «Entonces pareció bien a los apóstoles y a los ancianos, con toda la iglesia, elegir de entre ellos varones y enviarlos a Antioquía con Pablo y Bernabé: a Judas, que tenía por sobrenombre Barsabás, y a Silas, varones principales entre los hermanos». «Hombres principales entre los hermanos». No todos somos iguales. Eligieron a estos hombres para que llevaran el mensaje o la «decisión» que Jacobo había tomado y por medio de ellos enviaron una carta —«Y escribir por conducto de ellos […] (versículo 23)— para corregir a quienes habían causado confusión».

«Nos ha parecido bien, habiendo llegado a un acuerdo, elegir varones y enviarlos a vosotros con nuestros amados Bernabé y Pablo, hombres que han expuesto su vida por el nombre de nuestro Señor Jesucristo. Así que enviamos a Judas y a Silas, los cuales también de palabra os harán saber lo mismo» (versículos 25-27). Allí se había establecido un bastión de confusión. Por eso, no solo enviaron a Pablo y Bernabé, sino también a Judas y Silas con la confirmación de la decisión del concilio.

«Y Judas y Silas, como ellos también eran profetas, consolaron y confirmaron a los hermanos con abundancia de palabras. Y pasando algún tiempo allí, fueron despedidos en paz por los hermanos, para volver a aquellos que los habían enviado. Mas a Silas le pareció bien el quedarse allí. Y Pablo y Bernabé continuaron en Antioquía, enseñando la palabra del Señor y anunciando el evangelio con otros muchos» (versículos 32-35). Aquí están ocurriendo un par de cosas interesantes. Estos hombres eran profetas; y, sin embargo, se les dio un mensaje específico que debían comunicar. No actuaron por cuenta propia y dijeron: «He escuchado la voz del Señor. Esto dijo el Señor». Como profetas de Dios, hablaron como oráculos de Dios, confirmando la palabra que Dios ya había dado a través de sus siervos y mediante su método de orden divino.

Más tarde se formó un nuevo equipo misionero. Vayamos al capítulo 16. Mientras Pablo y Bernabé se preparan para partir, el versículo 9 narra que «se le mostró a Pablo una visión de noche; un varón macedonio estaba en pie, rogándole y diciendo: Pasa a Macedonia y ayúdanos». ¿Quién escribe este texto? Lucas, el médico. ¿Qué más escribió? El Evangelio de Lucas. ¿Creemos que Lucas podía oír la voz de Dios? Acá podemos observar la humildad y la mansedumbre que muestran personas que sí podían oír la voz de Dios, pero que, a su vez, reconocen la autoridad establecida y el orden de Dios. Aquí, por un lado, tenemos a un hombre que es médico y, por otro, a Pablo, un erudito. ¿Acaso estos hombres no tenían ego? Cualquiera que esté familiarizado con Pablo sabe que nuestro hermano tenía lo suyo. Detengámonos y pensemos por un momento. Estos hombres tenían personalidades y preferencias. Dios reunió todo tipo de personalidades. Algunos eran del tipo A, pero había en ellos mansedumbre, conciencia del orden y reconocimiento de la mano de Dios sobre algunos entre ellos, ya fuera Jacobo, en Jerusalén, o Pablo, en Antioquía.

Escuchemos el resumen de esta visión del varón macedonio que Lucas da en el versículo 10: «Cuando vio la visión, en seguida procuramos partir para Macedonia, dando por cierto que Dios nos llamaba para que les anunciásemos el evangelio». ¿Acaso no debería haberse aparecido Dios a cada uno de ellos para confirmar esta dirección? ¿Debe toda dirección de Dios ser confirmada primero en nuestro corazón? No, nunca se planteó así. Cuando Pablo les decía a Timoteo y a Tito: «Quiero que vayan aquí» y «Quiero que vayan allá», ellos iban. Esa era la voz de Dios para ellos. Seguramente Lucas era consciente de que el Espíritu de Dios les estaba hablando. Esta guía era para los principios del reino, tenía fines de edificación y estaba dentro de los parámetros bíblicos. Mientras Pablo hablara conforme a la visión y presentara principios fundamentados en la Palabra, todos tenían la certeza de que estaban escuchando a Dios.

Nos haría bien tener ese mismo espíritu de mansedumbre y humildad que nos permitiera escuchar a Dios y estar confiados y en paz. No pensemos que todo tiene que comenzar con nosotros, que somos la última fuente de la guía de Dios. ¿Nos paraliza el temor de perdernos la voluntad a Dios? ¿Pensamos que todo depende de nosotros? Simplemente sigamos el curso que se ha establecido, ocupémonos de los asuntos del Padre y mantengámonos en paz. No asumamos responsabilidades de las cosas que no nos competen.

Todos nos podemos identificar con la siguiente ilustración, especialmente los padres. Le decimos a nuestro hijo que haga su cama, y él responde: «Voy a esperar a que el Señor me hable». Nos reímos, ¿verdad? Es fácil reírse de eso cuando somos los que tenemos autoridad. ¿Qué pasa cuando nosotros somos los que estamos bajo autoridad? Para que algo sea verdad, ¿necesitamos que Dios nos lo confirme con una revelación más específica que la que ya hemos recibido por medio de la persona que nos la comunicó? ¿Tenemos acaso ese derecho y esa libertad? No podemos hacer ciegamente lo que nos digan. Tenemos directrices bíblicas. Pero ¿estamos siempre buscando una excusa? ¿Querremos siempre recurrir a las excepciones? No me refiero a la excepción extrema de un padre que le dice a su hijo que mate a alguien. Si podemos asumir ese espíritu de humildad y sumisión, estaremos en un lugar donde podremos comenzar a escuchar a Dios. No todos en el cuerpo de creyentes podemos simplemente venir y transmitir la voz de Dios. Dios ha puesto a personas en una relación cercana a nosotros en nuestro hogar y en la iglesia. Timoteo y Tito confiaban en que cuando Pablo habló, habían sido llamados. Tenían plena seguridad de ello.

¿Qué tan verdaderos eran estos mensajeros? Pasemos a Hechos 10. Encontramos a Cornelio, y las Escrituras lo describen como un hombre «piadoso y temeroso de Dios con toda su casa [su casa estaba en orden. Se aseguró de que aquellos bajo su cuidado buscaran a Dios y vivieran según sus estatutos] y oraba a Dios siempre. Este vio claramente en una visión, como a la hora novena del día, que un ángel de Dios entraba donde él estaba, y le decía: Cornelio. Él, mirándole fijamente, y atemorizado, dijo: ¿Qué es, Señor? Y le dijo: Tus oraciones y tus limosnas han subido para memoria delante de Dios. Envía, pues, ahora hombres a Jope, y haz venir a Simón, el que tiene por sobrenombre Pedro. Este posa en casa de cierto Simón curtidor, que tiene su casa junto al mar; él te dirá lo que es necesario que hagas» (Hechos 10:2-6). Observemos todos esos detalles. ¿Por qué el ángel no terminó el mensaje en lugar de enviarlo a Pedro? Les hago una pregunta: ¿preferiríamos haber escuchado el mensaje del ángel o de Pedro? Me pregunto si la reputación de Pedro de negar al Señor le había precedido. ¿Preferiríamos escuchar al ángel o al hombre que se hundió? ¿Preferiríamos oír al ángel o a aquel a quien el Señor le dijo: «Quítate de delante de mí, Satanás»? ¿A quién preferiríamos escuchar? La guía divina viene a través de hombres naturales, de carne y hueso, como nosotros. «Él te dirá lo que es necesario que hagas». ¿Entendemos el método de Dios? Si somos nosotros quienes establecemos los criterios para determinar quién es digno de traernos un mensaje, entonces, ¿quién es el Señor de nuestra vida? ¿Acaso no puede Dios decirnos la verdad que está fuera de lo que percibimos? No depende de nuestra evaluación de cuán espiritual es el mensajero, sino de la soberanía de Dios para colocarlo en nuestra vida para hablarnos acerca de la palabra del Señor. Este es el orden que Dios ha establecido. Él no nos habla a todos por igual.

Aquí vemos a dos hombres que Dios está usando poderosamente, Cornelio y Pedro. Una multitud de personas se verán afectadas cuando Dios hable solo a esos dos individuos. Los sueños y visiones no irán a nadie más. Solo dos hombres afectarán a la cristiandad desde el momento de esta revelación en adelante. Aquí podemos apreciar al Espíritu en movimiento, cómo operan los dones del Espíritu y la fe necesaria para todas las partes involucradas. ¿Qué decir de los muchachos que fueron enviados a buscar a Pedro? Ellos fueron con fe a buscar la casa de un tal Simón, un curtidor, en algún lugar junto al mar. Mientras caminaban, ¿no se habrán preguntado si Pedro realmente estaría allí? Incluso pudieron haberse preguntado si Cornelio estaba «cuerdo» o si estaba en su sano juicio. A medida que avanzamos en la fe, Dios continúa iluminándonos, haciéndonos conscientes de que él está ordenando nuestros pasos. Ni siquiera sabemos los nombres de estos dos hombres. Estos grandes hombres de fe son solo mensajeros que cumplen un propósito divino. Esta es la única vez que se los menciona en la Biblia. ¿Qué opinamos de la magnitud de su ministerio? ¿Qué pensamos del fruto de su obediencia? Está claro que si no hubieran encontrado a Pedro, Dios habría entregado su mensaje de otra manera. Muchas de las cosas que pensamos que son triviales, en realidad tienen grandes consecuencias en el reino eterno. Aquí están, simplemente cumpliendo su tarea. Parece algo insignificante, pero Dios los está usando de una manera poderosa.

Conclusión

Uno de los mayores problemas en la mayoría de las iglesias es que las personas sentadas en la congregación creen que tienen que escuchar a Dios para afirmar lo que oyeron decir al hombre de Dios. Si somos nosotros quienes vamos a recibir todas las visitaciones espectaculares, entonces ¿por qué Dios no nos puso como líderes? ¿Pensamos acaso que Dios no ha colocado a nuestros líderes en esa posición? Hablemos de eso con Dios. ¿Pensamos que ese líder pasó por alto la soberanía de Dios? ¿Creemos que nuestros líderes no están proclamando la palabra del Señor? Sus ovejas conocen su voz, y a otra no seguirán. Nada dice que debemos seguir revelaciones extrabíblicas o principios no bíblicos. Los hijos no tienen por qué seguir a sus padres si estos les piden que vayan en contra de la Palabra. Las esposas no tienen que someterse a esposos que las lleven a actuar en contra de la Palabra de Dios. Pero también es cierto que no debemos esperar visitas individuales de Dios. Podemos ser engañados si buscamos visitaciones individuales. Dios no guía desde abajo hacia arriba.

Capítulo 7

...El rebaño de Dios

«Condujiste a tu pueblo como ovejas por mano de
Moisés y de Aarón» (Salmos 77:20).

Creo que hay un gran error en la iglesia acerca de la revelación
de la voluntad de Dios y del orden establecido para su Iglesia.
Muchos creen que todos los cristianos pueden escuchar a Dios por
igual. Ese no es un principio bíblico. ¿Acaso no estamos agradecidos
de que el Espíritu de Dios viva en nosotros y nos guíe a toda verdad?
¿No podemos alabar a Dios por eso? Sin embargo, los métodos que él
utiliza a menudo son malinterpretados. Demasiados cristianos han
perdido de vista el hecho de que Dios habla predominantemente a
hombres que él coloca en roles de liderazgo.

A las personas no les gusta oír eso y se apresuran a señalar a Jim Jones
y los diversos abusos de los falsos profetas y el control dictatorial
de vidas en nombre del cristianismo. Basta con observar ciertos
abusos del catolicismo romano que ha establecido la infalibilidad
en el hombre. Pero no estamos hablando de eso.

Me refiero a la representación bíblica del señorío de Jesús, quien
estableció en la Iglesia —«como le agradó»— apóstoles, profetas,
pastores y maestros, para enseñar y gobernar al cuerpo de Cristo.
Puede que todavía pensemos que cada persona tiene una visión y
una opinión igual de valiosas, pero quiero compartir algo. Seremos
engañados y naufragaremos si nos negamos a entender que Dios ha
colocado consejeros, supervisores y autoridad espiritual en nuestra

vida para transmitirnos la palabra de Dios. Ellos escuchan la palabra de Dios desde una perspectiva y en un nivel diferentes. ¿Tenemos problemas para aplicar ese principio a nuestra propia vida? Apuesto que no tendremos problemas en aplicarlo a nuestra familia. Las personas no tienen problemas en aplicarlo a sus hijos, siempre y cuando ellas sean la autoridad. ¿Es buena doctrina solo si somos nosotros la voz?

No somos Abraham

Creo que uno de los mayores errores que cometemos los cristianos es pensar que somos Abraham. Déjenme compartir con ustedes algo en qué pensar. ¿Cómo creemos que fueron guiadas todas las personas que trabajaron para Abraham? No vemos nada escrito sobre ellos, ¿verdad? ¿De qué manera suelen ser guiadas las esposas? ¿De qué manera el Señor guía a los hijos? No cometamos el error de pensar que somos Abraham o Pablo y perdamos de vista el hecho de que Dios es capaz de ordenar nuestros pasos según el lugar donde nos coloca ¿Tenemos confianza en la soberanía y la perspectiva eterna de Dios? Entonces sometámonos a aquellos que están sobre nosotros en el Señor, ya sea un esposo, un padre o los líderes de la Iglesia. ¿Sabemos que esta es una de las formas más profundas de guía divina?

Lo primero que nos viene a la mente es: «¿Y si se equivocan?». Por el contrario, ¿qué pasa si nos equivocamos nosotros al no someternos? ¿Qué pasa si nos equivocamos al no obedecer? ¿Cómo es posible que queramos negar las directivas obvias de Dios y buscar, en cambio, alguna escapatoria o excepción, cuando Dios nos ha dicho tan específicamente cómo nos va a guiar?

Dios visitó a Abraham. Todos los demás en la casa de Abraham no recibieron una revelación específica de Dios. Ellos simplemente siguieron a Abraham. Adondequiera que Abraham iba, ellos iban. «¿Por qué no puedo recibir una revelación? ¿Por qué Dios no me habla audiblemente? ¿Por qué no recibo visiones?». Porque Dios ha establecido otro plan de guía para nuestra vida. ¿Queremos saber qué es? Se llama nuestro esposo. Se llama nuestros padres. ¿Alguna vez hemos dicho a nuestros hijos que hagan la cama y ellos han respondido: «Espera, papá. Estoy esperando una visión». Es probable que nos cause gracia, pero ¿no es así como respondemos cuando recibimos un consejo, una dirección y una guía? ¿Entendemos el propósito general de ser conformados a la imagen de Jesús, pero estamos fallando en mostrarlo porque estamos esperando una palabra específica sobre algo? Entonces, lo que esperamos escuchar de Dios es la creación de nuestra propia mente. «Estoy esperando escuchar a Dios». No vamos a escuchar a Dios, porque no es su voluntad. Escucharemos una voz si seguimos buscando una, pero no será la voz de Dios.

Entonces, ¿cómo podemos discernir? ¿Cómo podemos protegernos contra estos falsos mensajes y estas intenciones? Lo primero que debemos darnos cuenta es lo que hay en el corazón del hombre. Pablo dijo: «Y yo sé que en mí, esto es, en mi carne, no mora el bien» (Romanos 7:18). El corazón es desesperadamente perverso y engañoso. «¿Quién puede conocerlo?», pregunta la Biblia. Podremos decir: «Sí, pero alabado sea Dios, ¡he nacido de nuevo y estoy lleno del Espíritu!». Eso no niega estos principios. Nosotros no estamos más santificados que Pablo. En el momento en que comenzamos a movernos en una dirección contraria al señorío de Dios, el pecado en nuestros miembros todavía está allí para luchar contra nosotros.

Podríamos también decir: «Este es el nuevo pacto, y Dios habla a cada uno de nosotros cara a cara. Él mora en nosotros, y nos guía por su Espíritu a toda la verdad». Dios trata con nosotros como individuos. Todos estamos habitados por el Espíritu Santo; todos somos capaces de ser guiados por el Espíritu de Dios a la verdad. «Tu palabra es verdad» (Juan 17:17). El Espíritu Santo nos va a guiar a la Palabra de Dios, que nos dirá que obremos dentro del orden establecido por Dios en prácticamente todas las áreas de nuestra vida. El lado eclesiástico es donde la gente tiende a tener más problemas, pero, generalmente, entienden el orden en el plano doméstico. ¿A través de quién reciben las esposas la guía de parte de Dios? A través de los esposos. ¿Acaso alguna vez Dios nos va a decir que hagamos algo diferente de lo que nuestro esposo nos está diciendo, si lo que está diciendo es bíblico? La respuesta es «no», porque la Biblia dice claramente: «Las casadas estén sujetas a sus propios maridos, como al Señor» (Efesios 5:22).

Dios no rompe su orden, amados. El orden es más importante que nuestras percepciones. Es más importante que lo que sentimos o lo que «creemos» que Dios nos está hablando. Dios ya nos ha hablado y ha dicho: «Sométanse a su esposo». ¿Qué pasa si nuestro esposo está equivocado? La cabeza de nuestro esposo es Cristo (1 Corintios 11:3). Adivinen. Hay orden. Y si se equivocan, ¿quién los enderezará? Cristo, no la esposa. Ahora no empecemos a refunfuñar y a quejarnos en voz baja. Se llama fe. No digamos: «Pero solo confío en que el Señor me hable». Él nos acaba de hablar. «Sí, pero no era lo que quería oír». Cualquier voz que escuchemos que rompa el orden establecido por Dios proviene de Satanás o del «yo» bajo las directivas de la elección original rebelde de nuestro padre Adán.

Salmos 23 dice: «Jehová es mi pastor; nada me faltará». Además, agrega: «Me guiará». Tal vez estemos familiarizados con este otro pasaje de Salmos 77:20. Me encanta este versículo, creo que hay una tremenda verdad aquí, una poderosa verdad a la que debemos aferrarnos y asimilar su principio: «Condujiste a tu pueblo como ovejas por mano de Moisés y de Aarón». «Jehová es mi pastor; nada me faltará». «Condujiste a tu pueblo como ovejas [¿cómo?] por mano de Moisés y Aarón». Ven, hay un principio aquí que necesitamos captar. Incluso en aquella hora, los israelitas lo reconocieron. Dijeron: «Sube a la montaña, Moisés. Escucha a Dios y luego baja y dinos, y lo haremos». Aquellos israelitas hablaban por su propio miedo a la confrontación, pero Dios ya lo había establecido. Dios ya había dicho: «No dejes que nadie más toque esta montaña. Sube aquí, Moisés, y voy a hablar contigo cara a cara». Así que Moisés subió, escuchó al Señor, volvió y se lo dijo al pueblo. ¿Obedecieron? No, pero eso no cambia el orden.

Dios no dijo: «¡No, no, no! Esa no es la manera de tratar el asunto. Hablaré a cada uno de ustedes por igual». Por supuesto, necesitamos ser capaces de oír y conocer la voz de la verdad. Por supuesto, el Espíritu de Dios vive en nosotros. Sus ovejas conocen su voz, y a otra no seguirán. Debemos observar que, si estudiamos las Escrituras cuidadosamente, veremos que Dios siempre ha hablado a las personas que él ha puesto como autoridad espiritual, a los hombres que traerían un rumbo, una dirección y una guía; ya sea alguien como Moisés cuando subió a la montaña o como Pablo. ¡Pongamos mucha atención! Pablo estaba rodeado de hombres llenos del Espíritu Santo, hombres llamados y capacitados por Dios, hombres que fueron inspirados y que hablaron como hombres santos para traernos las Escrituras. Las Escrituras dicen que «los santos hombres de Dios hablaron siendo inspirados por el Espíritu Santo» (2 Pedro 1:21). Esos mismos hombres llenos del Espíritu, esos mismos hombres que recibieron revelación divina mientras acompañaban a Pablo y a su grupo misionero, vieron la voluntad de Dios y la palabra de Dios en las decisiones que Pablo estaba tomando. Estos hombres dijeron: «El Espíritu Santo nos dijo a través de la decisión de Pablo que aquí es donde debemos estar para ministrar el evangelio».

Estudiemos las Escrituras, y tengamos mucho cuidado de no vernos a nosotros mismos como Moisés, de no ponernos en el lugar del apóstol Pablo, de no convertirnos en el rey David. ¿Son estos hombres parte de esa gran nube de testigos que nos precedieron y que nos sirven como ejemplo a quienes imitar en nuestras vidas? Sí. Pero si analizamos bien quiénes eran y por qué Dios les habló como les habló, veremos que lo que ellos recibieron fue de una magnitud muy distinta a decisiones cotidianas como qué auto comprar. No tomemos el hecho de que Dios habló a Moisés para liberar a una nación y lo apliquemos a qué marca de judías verdes vamos a comprar. El hecho es que muchas de las cosas por las que estamos orando, Dios ya las ha tratado en su Palabra. No tiene sentido orar al respecto. Simplemente hagámoslo. En el momento en que comenzamos a orar sobre la verdad revelada, estamos pidiendo ser engañados.

Liderazgo de la iglesia

De acuerdo con la Palabra de Dios, él ha establecido consejeros, maestros, pastores y ancianos que traerán perfección, purificación, justicia y juicio. Así que, llevamos nuestros asuntos a la iglesia, en obediencia a Mateo 18:17. La iglesia toma una decisión, pero si esa decisión no nos agrada, entonces simplemente nos vamos a otro lugar. En ese caso, ¿en qué creemos? ¿En qué creemos realmente? ¿Es el método de Dios válido solo cuando lo aprobamos? ¿Es la voz de Dios únicamente aquello con lo que estamos de acuerdo? ¿Algo se convierte en realidad solo cuando lo aceptamos?

De lo que estoy hablando, amados, es de la fe para escuchar la voz de Dios y creer en el método de Dios. Dios sobrenaturalmente capacita para el ministerio, provee la sabiduría y provee el juicio. Aunque no lo veamos o no estemos de acuerdo con la decisión, así es como Dios opera. El instinto de autopreservación se levanta y dice: «Pero ¿qué si están equivocados?». ¿Y si nosotros estamos equivocados? ¿Quién tiene razón? Dios tiene razón. Si los líderes a quienes él ha establecido se equivocan, él lo corregirá, no nosotros. Y todos dicen «amén»…, hasta que la decisión los involucra de manera directa.

Me encanta este pasaje de 1 Tesalonicenses 2:11-13: «Así como también sabéis de qué modo, como el padre a sus hijos, exhortábamos y consolábamos a cada uno de vosotros, y os encargábamos que anduvieseis como es digno de Dios, que os llamó a su reino y gloria. Por lo cual también nosotros sin cesar damos gracias a Dios, de que cuando recibisteis la palabra de Dios que oísteis de nosotros, la recibisteis no como palabra de hombres, sino según es en verdad, la palabra de Dios, la cual actúa en vosotros los creyentes».

Así que Pablo está agradeciendo a Dios porque la gente en Tesalónica recibió la exhortación y el consuelo a través de los mensajeros de Dios, no como palabras de hombres, sino como la palabra de Dios.

Cuando recibimos el mensaje por lo que realmente es —no como algo que proviene del hombre ni como la opinión de una persona, sino tal como lo que es en realidad: la palabra de Dios—, este obrará en nosotros; cambiará nuestra vida, dice Pablo; producirá una transformación eficaz y dinámica de corazones, vidas y caminos. Veámoslo por lo que es. Es la palabra de Dios. Las personalidades difieren. Cuando leemos las Escrituras, podemos observar las personalidades de los hombres, pero todo es la palabra de Dios.

Las Escrituras dicen que la palabra de Dios «escaseaba» en los días de Samuel (1 Samuel 3:1). Eso solo significa que los hombres no escuchaban claramente, que Dios no hablaba con frecuencia. ¿Por qué sería eso? Habían creado un ambiente en el que cada hombre estaba haciendo lo que bien le parecía, y Dios estaba permitiendo esa anarquía. Se estaba preparando para establecer jueces que brindaran dirección y guía. En el tiempo de la anarquía, cuando todos los hombres hacían lo que les parecía correcto individualmente, Dios tenía que establecer una autoridad, jueces, una voz. Estaba muy claro que Samuel se convirtió en el vehículo de la palabra del Señor para ellos. También queda claro en Ezequiel que los hijos de Dios sabían que si querían oír lo que Dios decía, debían acudir a uno de los profetas.

El Señor no solo estableció profetas para hablar al pueblo en general, sino también dentro de la congregación y del sacerdocio. Podemos observar que ese orden se establece continuamente a lo largo de las Escrituras. Dios estableció jueces para que tomaran decisiones en medio del pueblo. Debían ser hombres de carácter, que no hicieran acepción de personas, que tomaran una decisión cuando hubiera una disputa. ¿Qué debían determinar? Determinaban lo que era justo, lo que era correcto y lo que era la palabra del Señor.

Aunque existen diferencias en la aplicación de estos principios, estos siguen siendo los mismos desde el Antiguo al Nuevo Testamento. Hay una pequeña diferencia en cómo se administra hoy a la Iglesia. En lugar de un profeta único, ahora tenemos una «palabra más segura». En la presentación de la palabra más segura, Dios ha establecido maestros, instructores y ancianos que son administradores de esta palabra. Ellos son hombres dignos de doble honra. Aquellos que tienen fe reciben lo que estos hombres hablan como lo que en verdad es: la palabra de Dios, y no la palabra de hombres.

En los tiempos de Ezequiel y Jeremías, el pueblo se estaba apartando de Dios, y el juicio de Dios ya había caído sobre ellos. Les esperaba el cautiverio en Babilonia. Hay grandes paralelismos entre los profetas cuando se pronunciaban. Quiero que veamos esta frase que se aparece con frecuencia en Ezequiel: «Vino a mí palabra de Jehová, diciendo: Hijo de hombre, profetiza contra los profetas de Israel que profetizan, y di a los que profetizan de su propio corazón: Oíd palabra de Jehová» (Ezequiel 13:1-2). Así que había un montón de profetas haciendo su trabajo, profetizando y diciéndole a la gente: «Así dice el Señor». Pero Dios le dice a Ezequiel que hable en contra de ellos porque están hablando desde sus propios corazones en lugar de hablar de parte de Dios. ¿Cómo se puede saber quién es realmente el hombre de Dios? Un profeta dice esto y otro profeta dice aquello. Mirar hacia atrás lo hace un poco más fácil, ¿no es así? La Palabra de Dios contiene el libro del profeta Ezequiel, no el libro del profeta Jorge. Dios vindica «su» palabra.

Jesús puso maestros en la Iglesia, pero los hombres amontonan maestros (2 Timoteo 4:3). Hay muchos maestros. Algunos son puestos por el hombre, y otros son puestos por Dios. ¿Cómo podemos distinguir entre maestros designados por Dios y maestros puestos por el hombre? Uno es celoso de Dios, y el otro se preocupa más por lo que piensan los hombres. Uno adora a la criatura, atiende a la criatura, le dice a la criatura lo que quiere oír y construye un reino de criaturas para sí mismo. El otro habla para la gloria de Dios y es celoso de la Palabra de Dios. Los maestros designados por Dios muy a menudo son percibidos como lo fue el profeta Micaías (2 Crónicas 18:6-7). Todos los profetas del rey Acab le daban los mismos consejos: «Pero Josafat dijo: ¿Hay aún aquí algún profeta de Jehová, para que por medio de él preguntemos? El rey de Israel respondió a Josafat: Aún hay aquí un hombre por el cual podemos preguntar a Jehová; mas yo le aborrezco, porque nunca me profetiza cosa buena, sino siempre mal». Los hijos de Dios sí están dispuestos a escucharlo.

Miremos Jeremías 14:13-14: «Y yo dije: ¡Ah! ¡Ah, Señor Jehová! He aquí que los profetas les dicen: No veréis espada, ni habrá hambre entre vosotros, sino que en este lugar os daré paz verdadera. Me dijo entonces Jehová: Falsamente profetizan los profetas en mi nombre; no los envié, ni les mandé, ni les hablé; visión mentirosa, adivinación, vanidad y engaño de su corazón os profetizan». La gente quiere oír según sus propias nociones preconcebidas. Lo podemos ver a lo largo de las Escrituras. ¿Somos diferentes? ¿Qué nos haría pensar que estamos exentos de esa tendencia cuando nos quedamos en silencio y deseamos escuchar la palabra de Dios acerca de las cosas?

A menudo, la gente consulta una concordancia y un comentario, y piensa que esos son la voz de Dios. No me opongo al estudio, lo fomento. Tomemos nuestra concordancia. Tomemos nuestra Biblia de estudio para PC. Estudiemos la Palabra de Dios. Analicemos lo que Jamieson, Fausset, Brown, Keil y Delitzsch tienen para decir. Leamos los comentarios de Barnes. ¿Nos gusta leer muchas palabras? Leamos a Matthew Henry. Escuchemos y veamos lo que se dice. Pero quiero aclarar algo. La capacidad de leer un comentario bíblico o de consultar diccionarios de griego y hebreo para no especialistas no nos convierte en profetas de Dios. Nos convierte en estudiantes de la Palabra de Dios. Nos convierte en mejores aprendices, no en maestros. Escuchemos lo que se nos dice para que no caigamos en el camino que es tan común al hombre: tener un concepto más elevado de sí mismo del que corresponde.

«Mentira profetizan los profetas en mi nombre. Yo no los he enviado». Muchos han salido a profetizar, pero no han sido enviados. La gente se eleva a sí misma al recibir una «gran revelación» sobre temas que son un poco más grandes que ellos. Se niegan a seguir siendo aprendices, y entonces reúnen a sus propios pequeños seguidores. Invito a que escuchemos estos principios. Podrían salvarnos la vida en algún momento.

Volvamos a Ezequiel 13:3: «Así ha dicho Jehová el Señor: ¡Ay de los profetas insensatos, que andan en pos de su propio espíritu, y nada han visto!». Profetizan por su propio espíritu y no han visto nada. Es muy parecido a los corintios pidiendo a Pablo sus credenciales, pensando un poco demasiado alto de sí mismos. Pablo les trajo la revelación del evangelio. Pablo les trajo su testimonio de Jesús apareciéndosele. Pablo les llevó la doctrina que se convirtió en las grandes epístolas generales. Aprendieron un poco, y luego otros maestros surgieron en medio de ellos. Se sintieron atraídos por algunos un poco más que por otros, y entonces empezaron a cuestionar a Pablo y su autoridad y legitimidad. Pablo dijo: «Ustedes son mis credenciales». Al hablarles muy claramente, básicamente les estaba preguntando: «¿Dónde está la evidencia de su llamamiento, y cuál es el fruto de su ministerio?».

Lo he visto demasiadas veces. Algunos quieren fijar un rumbo en la doctrina, mientras que el fruto de su ministerio es un hogar desordenado, las finanzas mal administradas y una vida regida por la carne. Cuestionan a los que les han mostrado el camino de la salvación. Ya no escuchan las voces de los hombres que siguen a los que les han precedido, que han heredado las promesas de Dios y declaran: «Síganme como yo sigo a Cristo». Sin embargo, forman juicios individuales y específicos basados en nuevas revelaciones que van en contra de los principios generales del orden y la guía de Dios para su Iglesia. Los incidentes puntuales se vuelven más grandes para ellos que la revelación general del orden divino. Esto es peligroso.

Conclusión

¿Hasta qué punto somos espirituales? ¿Cuánto valoramos nuestras percepciones? ¿Qué tan separado vivimos del cuerpo de Cristo, de la autoridad de Cristo y de su orden bíblico? ¿Nos agrada eso que se llama sumisión y estar sometidos? Creo que este cuestionamiento de los propósitos de Dios hace que muchas personas escuchen de acuerdo con sus propios ídolos. Dios nos ha dado consejeros espirituales y autoridad para representar —no detalles específicos ni cada decisión que tomemos—, sino principios bíblicos que sobrepasan nuestras percepciones personales. Lo diré de nuevo. Los líderes de Dios representan principios generales y bíblicos con los cuales debemos sopesar toda nuestra guía específica. Nuestras decisiones tienen que estar alineadas con esos principios, o estaremos avanzando hacia situaciones de error y recibiremos respuesta de acuerdo a nuestros propios ídolos. Seremos engañados. «Así que, si la luz que en ti hay es tinieblas, ¿cuántas no serán las mismas tinieblas?» (Mateo 6:23). ¡Es algo muy peligroso!

Estamos en peligro en el momento en que empezamos a cambiar de amigos y consejeros. Tenemos amigos de toda la vida, y de repente empezamos a hacer nuevos amigos basándonos en el trauma de nuestra vida en ese momento. Ya no queremos la opinión que hemos escuchado durante tanto tiempo de la gente en la que hemos confiado, de la gente que realmente nos conoce.

Gracias a Dios por los consejeros que nos han rodeado durante años y que nos dijeron la verdad sobre nosotros. Gracias a Dios por tener oídos dispuestos a escuchar, aunque duela y no sea lo que queremos escuchar en ese momento. El gran engaño de rodearse de nuevos maestros es peligroso. Lo he visto como el común denominador de la gente en el camino al engaño, la destrucción y la muerte.

¿Qué estoy diciendo? Dios nos hablará, sí, pero su voz será confirmada por nuestros consejeros, por nuestras autoridades espirituales y por los principios bíblicos de la Palabra de Dios. Si lo que oímos no concuerda con ellos, entonces estamos equivocados.

Capítulo 8

Conciencia

«Acerquémonos con corazón sincero, en plena certidumbre de fe, purificados los corazones de mala conciencia, y lavados los cuerpos con agua pura» (Hebreos 10:22).

¿Alguna vez hemos escuchado la frase «Que tu conciencia te guíe»? No podemos aceptarlo totalmente a menos que tengamos una buena conciencia, ¿verdad? Charles Manson dejó que su conciencia fuera su guía, y Hitler dejó que su conciencia fuera su guía. La palabra «conciencia» significa literalmente «un saber dentro de uno mismo», pero también implica «un saber junto con». En otras palabras, la conciencia se rige por aquello con lo cual se asocia. La conciencia está influenciada por información externa. Por eso las Escrituras dicen que debemos tener nuestra conciencia purgada, purificada y limpiada por la Palabra de Dios. Tenemos que ser limpiados de toda inmundicia de la carne y del espíritu. ¿Sabemos si tenemos un espíritu inmundo? «Limpiémonos de toda contaminación de carne y de espíritu», dice la Biblia (2 Corintios 7:1). El espíritu también debe ser limpiado continuamente. Podemos haber nacido de nuevo, pero nuestro pequeño hombre espiritual puede parecerse a Cochino, aquel personaje de la tira cómica «Snoopy y sus amigos», que dejaba una nube de polvo al pasar. Somos restaurados a la vida cuando nacemos de nuevo, pero tenemos un pequeño espíritu Cochino que debe ser limpiado y transformado.

La angustia del alma

«Dejen que su conciencia sea su guía». Lo que la gente está diciendo básicamente es: «Lo que te parezca bien, confía en ello. Solo confía en esa intuición». Eso es en realidad algo para lo que el hombre natural está entrenado. Pero ¿no hay una diferencia entre lo que es socialmente aceptable hoy y lo que era aceptable hace treinta años? Esta generación más joven no recuerda la era Reagan. No recuerdan la época en que las palomitas no se preparaban en el microondas. Para ellos, los patines siempre han sido *rollers*. Los tiempos han cambiado. Quizá algunos de nosotros podamos remontarnos a 1984 y nos demos cuenta de los cambios tecnológicos y políticos. ¿Y los cambios morales? ¿Podemos remontarnos a cuando incluso los no cristianos dejaban sus puertas abiertas por la noche y no cerraban con llave sus casas porque nadie robaría algo de sus patios delanteros? ¿Qué fue lo que causó esa moralidad? ¿Qué fue lo que dictó ese tipo de comportamiento? Era la conciencia. Simplemente nos enseñaron que estaba mal robar la bicicleta del vecino, entrar en su casa y «tomar prestado» su televisor sin intención de devolverlo. A nadie se le ocurría hacer ese tipo de cosas, salvo a una minoría que eran auténticos delincuentes. ¿Recordamos la época en que los niños podían pasear por la calle de noche? Recuerdo caminar por la calle de noche cuando era un niño de ocho años. Si alguien se detenía, nos levantaban, nos llevaban a dar una vuelta y nos traían de regreso a casa. La conciencia de lo que era socialmente aceptable seguía rigiéndose por los principios bíblicos, la ética judeocristiana. ¿Han cambiado los tiempos? ¿Tenían los hombres más conciencia entonces, o conciencias más puras?

¿Qué establece lo que se considera socialmente aceptable hoy en día? Obviamente, el asesinato y el caos no son socialmente aceptables; pero todo, salvo eso, sí lo es. En la sociedad en la que vivimos hay un enfoque ético situacional de la vida y el hombre puede básicamente justificar lo que quiera. La conciencia ya no es lo que rige nuestra vida. Lo hace la filosofía. La conciencia está embotada. Las verdades del hombre-espíritu fueron embotadas y se ha dado rienda suelta al intelecto. Así, el orden filosófico del día es el que da fuerza y credibilidad al comportamiento hedonista de la gente. La sociedad ha determinado que no existe Dios, que «dios» es cualquier cosa que uno perciba, que la verdad es cualquier cosa que uno abrace, y que es nuestro derecho estar momentáneamente, temporalmente satisfechos. La conciencia colectiva de esta época está cauterizada. La gente ya no está interesada en escuchar la verdadera voz de Dios. La han acallado.

En Tito 1:15-16, el Espíritu Santo habla de la contaminación de la conciencia: «Todas las cosas son puras para los puros, mas para los corrompidos e incrédulos nada les es puro; pues hasta su mente y su conciencia están corrompidas. Profesan conocer a Dios, pero con los hechos lo niegan, siendo abominables y rebeldes, reprobados en cuanto a toda buena obra». ¿Cómo es posible desarrollar una generación que llame «mal» al bien y «bien» al mal? Esto se logra mediante la formación. En la sociedad, este aprendizaje es algo que han hecho los sistemas escolares. Los niños están siendo criados con una conciencia corrompida. ¿Por qué? Son descalificados para las buenas obras. No se espera nada de ellos si les cuesta algo. Es una generación que justifica todas sus acciones, una generación que no está acostumbrada a subordinarse a la autoridad. Los derechos del individuo reinan por encima de todo. Cada individuo hace lo que es correcto a sus propios ojos y es el mismo escenario que trajo el juicio de Dios en los días de Noé.

Ya sea que nos guste creerlo o no, estamos ahí fuera siendo profanados a diario. Nuestra conciencia es atacada y corrompida. Si arrojamos una rana en una olla de agua hirviendo inmediatamente salta. Sin embargo, si la ponemos en una olla de agua y la llevamos lentamente a ebullición, la rana se quedará ahí y se cocinará. Al igual que la rana del proverbio, estamos siendo acosados a diario. Permítanme preguntar: ¿hemos observado algún área en nuestra vida en la que nos hayamos insensibilizado basándonos simplemente en la sociedad en la que vivimos? ¿Cómo respondemos a la tragedia de las recientes epidemias? ¿Y qué hay de las innumerables masas que están atadas a las drogas y el alcohol? Estoy seguro de que tenemos empatía, amor y auténtica compasión por esas personas. Pero ¿qué hay de las veces que fuimos conscientes de un asesinato en masa? Cuando ahora oímos hablar de gente asesinada, descuartizada y devorada, decimos: «¡Qué pena!». Pero ¿cómo nos afectó la primera vez? Se está volviendo cada vez más común entre el público masivo. Y aunque no alimentemos nuestra mente con esto, mucha gente sí lo hace. Van a ver películas en las que hay caos y violencia y todas esas cosas, y se produce una insensibilización. No solo sucede en las películas, sino también en las noticias. Escuchamos hablar de niños secuestrados y abusados, de prostitución infantil y de todas las vilezas que ocurren. Hablan de ciudades donde el negocio principal es la pornografía y la prostitución infantil. Tengo entendido que están llenando la Internet con todas estas cosas que están pasando. La primera vez que lo oímos, nos horrorizamos; pero ahora, es solo algo que pasa en las noticias.

¿Puedo formular una pregunta? ¿Se ha insensibilizado nuestra conciencia? Hoy en día, los medios de comunicación transmiten tantas cosas. ¿Recordamos lo horrorizada que estaba nuestra nación cuando, en Vietnam, vimos por televisión al hombre que tomó la pistola y mató a otro? Causó una revolución. Hoy, no pasaría ni treinta segundos en las noticias, a menos que alguien tuviera una agenda política. ¿Qué hacemos para proteger nuestra conciencia?

¿Qué estamos haciendo para mantener el yelmo de la salvación en su lugar y ser capaces de enfrentar los dardos de fuego del enemigo que lucha por nuestra mente? Dios dice en Tito 1:15: «Todas las cosas son puras para los puros».

Al darme cuenta de la desensibilización en mi propia vida, una de las cosas por la que he estado orando es esto: «Señor, no permitas que me abstenga de esto. Deja que me horrorice. No solo evites que caiga en las drogas, el alcohol, la promiscuidad, la homosexualidad y demás cosas. No permitas que solo me abstenga. Haz que me horrorice. Que sea una abominación para mí. Que sea algo que me dé náuseas, en lugar de seguir mi camino diario sin que me afecte. Estoy viendo a mil caer a mi lado y a diez mil a mi derecha, y a las masas siendo destruidas por el pecado. Pero Señor, no permitas que solo me conmueva por la pérdida de las almas de estos individuos, sino que odie más al pecado de lo que jamás lo he odiado».

Lo admitamos o no, hay una insensibilización de nuestra conciencia. Hay una avalancha por parte del mundo con la que tenemos que lidiar constantemente. Cuando estamos en el trabajo y cuentan chistes verdes, o lo que sea. Quiero decir, hoy en día todo tiene un contenido sexual. ¿Cómo aguanta nuestra conciencia con todo esto? Decimos: «No nos detenemos en esos pensamientos». No tenemos que hacerlo. Podemos derribar activamente cada pensamiento y cada idea que se levante. Siempre que estemos viendo anuncios o paseando por el supermercado podemos cambiar de canal o apartar la vista. No nos detenemos a mirar ninguno de ellos, pero cada una de esas imágenes han ingresado en nuestra mente. Ahora bien, todo hombre peca, no cuando está inundado por ellas, sino cuando es atraído por sus propia concupiscencia. Pero nuestra conciencia es acosada. Hay un proceso de contaminación ocurriendo todo el tiempo.

Ahora bien, ¿qué podemos hacer? ¿Huir al monasterio local? No, porque debemos estar en el mundo, pero no ser parte de él. Somos la sal y la luz. Un cristiano no necesita correr y esconderse de estas cosas. Pero no nos engañemos. No tendremos éxito a menos que nos preparemos para luchar contra todo el acoso del mundo. Si solo pensamos que aferrarnos a la doctrina correcta va a mantenernos a salvo, nos estamos engañando a nosotros mismos. Hay una guerra que se está librando en nuestra mente. Nuestra conciencia puede ser profanada.

Esta es una sociedad que recompensa a la gente por el mal. Son los inventores del mal, dicen las Escrituras. No solo hacen estas cosas, sino que se complacen con las personas que hacen estas cosas, las exaltan y convierten en estrellas. Vamos a criar a nuestros hijos en un mundo que va a ser peor de lo que es ahora. ¿Qué va a pasar si Jesús tarda? Ahora mismo, en un par de naciones en Europa se puede ir cinco meses a la cárcel si se dice algo despectivo sobre los homosexuales, a causa de la campaña que promueven estas personas. Nosotros decimos: «¿Cómo puede ser? ¿Cómo puede esta gente influir en la sociedad hasta este punto?». No son ellos. Es Romanos 1:28: «Y como ellos no aprobaron tener en cuenta a Dios, Dios los entregó a una mente reprobada, para hacer cosas que no convienen». Dios está detrás de esto. Estas decisiones son una locura sobrenatural, pero es lo que el hombre hace cuando está de espaldas a Dios y sin conciencia. Dios está involucrado en esta hora y es él quien entrega a los hombres. Él no es el autor de sus acciones, sino quien entrega a aquellos que le dan la espalda debido a la continua maldad de sus corazones.

Entonces, ¿qué podemos hacer como cristianos? ¿Cómo podemos protegernos? ¿Cómo podemos preparar a nuestros hijos para esta generación que viene? ¿Comprendemos lo que va a pasar en nuestras calles dentro de poco? Habrá desfiles gay de San Francisco en las calles día tras día tras día, y eso será un comportamiento aceptable. ¿Cómo nos preparamos y preparamos a nuestras familias para eso? Para los puros, todas las cosas son puras. Entonces, ¿qué debemos hacer? Preparémonos para ser más puros. Si no avanzamos, retrocedemos. Ocupémonos de las intenciones de nuestro corazón. No es solo obediencia. No es solo abstenernos de algo porque está mal. «No quiero tener que lidiar con la culpa. No quiero lidiar con el miedo al rechazo del Padre». Debemos abstenernos porque es una ofensa a Dios. Cuando nos abstenemos porque hay una consecuencia, eso es egoísmo. Cuando nos abstenemos porque es una ofensa, eso glorifica a Dios. Pero si la motivación no es exclusivamente: «Mi Padre reprueba esto», entonces no es puro. Nos hemos abstenido, y es bueno que no hayamos participado. Pero necesitamos avanzar hacia la pureza, y que el motivo siempre sea: «Esto es una ofensa a mi Padre. ¿Cómo puedo hacer esto y pecar contra mi Dios?».

Si no nos esforzamos por ser más puros, nos estamos exponiendo a la corrupción. Ese es el camino que transita la sociedad y, lamentablemente, también la Iglesia. ¿Nos hemos desensibilizado en diferentes áreas de nuestra conciencia? ¿Qué cosas son aceptables hoy que no lo habrían sido hace cinco o diez años? Ahora bien, ¿quién cambió, Dios o nuestra conciencia? Sería interesante ver la respuesta a estas preguntas de muchos cristianos hoy (si fueran sinceros ante Dios).

Purificados de una mala conciencia

Vayamos al libro de Hebreos. Quiero mostrar lo que debe suceder en nuestro espíritu, ya que existe una idea errónea en el cristianismo. Mucha gente piensa: «Nací de nuevo, así que mi espíritu es perfecto. Todo lo que sucede en mi espíritu será puro y verdadero, y es Dios. Mi espíritu es infalible». Así no funciona esto. Ahí es donde la gente tiene problemas con sus profecías y revelaciones. Creen que todo lo que recibe en su espíritu es infalible. «Es puro. Tiene que ser Dios. Después de todo, nací de nuevo, así que mi espíritu es puro». No. Nuestro espíritu es renovado y vuelve a la vida y a la comunión con Dios, pero no es infalible, ni camina siempre en plena comunión y acuerdo con Dios según la capacidad que Dios le ha dado.

Hebreos 9:8-9 dice: «Dando el Espíritu Santo a entender con esto que aún no se había manifestado el camino al Lugar Santísimo, entre tanto que la primera parte del tabernáculo estuviese en pie. Esto nos ilustra hoy día que las ofrendas y los sacrificios que allí se ofrecen no tienen poder alguno para perfeccionar la conciencia de los que celebran ese culto». En otras palabras, esta ordenanza externa se estaba llevando a cabo, y quienes ministraban obedecían los mandatos que Dios les había dado. Sin embargo, sabían en su interior que aún no estaban en una relación perfecta con Dios ni habían sido completamente restaurados. Sabían en su conciencia, en su interior, que el plan de redención aún no estaba completo. Sabían que no estaban donde Dios finalmente los quería.

Las cosas aún no habían llegado al punto en que pudieran tener confianza y alcanzar la perfección o la comprensión de la plenitud y el cumplimiento del plan de redención en lo que respecta a su conciencia (el conocimiento interior). Ahora bien, observemos Hebreos 10:1-2: «Porque la ley, teniendo la sombra de los bienes venideros, no la imagen misma de las cosas, nunca puede, por los mismos sacrificios que se ofrecen continuamente cada año, hacer perfectos a los que se acercan. De otra manera cesarían de ofrecerse, pues los que tributan este culto, limpios una vez, no tendrían ya más conciencia [sentido de culpa, un conocimiento dentro de sí mismos] de pecado». El pecado todavía dominaba sus vidas.

El problema bajo el antiguo pacto era que el pecado aún dominaba. La expiación cubría sus transgresiones. Como nación, acudían anualmente para que se les expiaran sus faltas. También acudían individualmente, traían las ofrendas y se les expiaban sus pecados. Pero en su interior, sabían que aún no tenían una buena relación (comunión, unión) con Dios. Por eso, existía la constante convicción de que el pecado aún dominaba sus vidas, y que debían acudir continuamente a recibir la expiación por él.

¿No nos alegra que ahora nuestra conciencia interior nos haga saber que el pecado ya no domina? ¡Alabado sea Dios! Ahora podemos decir: «Ya no tengo que pecar». Aquellos hombres no podían decir eso bajo el antiguo pacto. Tenían que pecar. El pecado seguía dominando en sus miembros, pero recibieron la expiación a su favor. Pero ahora somos libres y ya no tenemos que pecar. Nuestra conciencia es pura y sabe en su interior que está libre del poder del pecado. Esa es la libertad que estos hombres buscaban.

Al leer esto, dice en el versículo 22: «Acerquémonos con corazón sincero, en plena certidumbre de fe, purificados los corazones de mala conciencia y lavados los cuerpos con agua pura». Esa es la Palabra de Dios. Efesios dice que debemos ser lavados con el agua de la Palabra. Ahí es donde entra la purificación. Pero ¿cómo va a suceder esta purificación de la mala conciencia? ¿Dónde está la purificación? La respuesta se encuentra en el versículo 19: «Así que, hermanos, teniendo libertad para entrar en el Lugar Santísimo por la sangre de Jesucristo». Es esa sangre la que purifica la mala conciencia. ¿Cómo llega esa sangre a nuestra conciencia, a nuestro espíritu, para que podamos vivir en integridad? 1 Juan 1:7 dice: «Si andamos en luz, como él está en luz, tenemos comunión unos con otros, y la sangre de Jesucristo su Hijo nos limpia de todo pecado».

¿Amén? ¿Cuál es la luz en la que debemos andar? Su Palabra es una lámpara a nuestros pies.

Una conciencia cauterizada

¿Nos damos cuenta de cómo se combinan todas estas cosas? Todo se reduce, de nuevo, al factor de la obediencia. Al obedecer la revelación de la Palabra de Dios en mi espíritu, mi ser espiritual se expone a la luz de Dios. La influencia de la purificación de la sangre de Jesús entra en mi vida, limpia mi ser interior (el ser espiritual) y purifica mi conciencia. Entonces, podemos conocer, escuchar y obedecer esa voz interior. Pero hasta que elija conscientemente poner por obra la Palabra de Dios, no puedo confiar en mis voces intuitivas.

¿Se entiende lo que digo? No podemos confiar en esa voz intuitiva cuando, a sabiendas, en otras áreas desobedecemos la Palabra de Dios. Muchos cristianos se comportan así. «Oh, Dios me dijo que hiciera esto. Dios me dijo que iniciara este negocio. Dios me dijo que me casara con esta persona. Dios me dijo…». Hemos dejado demasiadas cosas sin hacer que la Palabra de Dios nos exige (los que carecemos de integridad) como para pensar que nuestros pasos están siendo dirigidos por el Señor.

¿Nos damos cuenta de la importancia de lo que digo sobre esa voz intuitiva? No nos dejemos llevar y digamos: «¡Oye, tengo un testimonio! ¡Gloria a Dios!». Esa es una conciencia malvada que proviene de medios naturales y carnales, y el hombre espiritual es inmundo (malvado, como vimos aquí) y está dominado por esa lujuria en particular. Sin embargo, como procede desde dentro, sentimos que es seguro creerlo. Nuestro espíritu necesita ser limpiado y purificado continuamente por la sangre de Jesús. Cuando sabemos que está limpio y que camina en obediencia a Dios, podemos confiar en su conciencia pura. Podemos deleitarnos en el camino de Dios y saber que lo que escuchamos en nuestro interior es la voz del Espíritu Santo.

Permítanme mostrarles cómo la desobediencia puede engañar al hombre espiritual en caso de que se estén preguntando cómo funciona eso realmente o si de verdad puede afectarnos de esa manera. Leamos 1 Timoteo 4:2: «[…] por la hipocresía de mentirosos [¿Qué son los hipócritas? Son actores, personas que se hacen pasar por cristianos, personas que dicen ser "personas de la Palabra" pero que no la practican] que, teniendo cauterizada la conciencia […]». La desobediencia continua y consciente a la Palabra de Dios cauterizará nuestra conciencia. Puede cicatrizarla y volverla tan insensible que no pueda, ni quiera, recibir la voz del Espíritu Santo. Por eso es tan importante elegir obedecer la Palabra, nos guste o no. Si tenemos que arrastrar nuestra carne (que es lo que hacemos la mayoría de las veces), entonces llevémosla hacia la Palabra de Dios para que nuestro espíritu se mantenga maleable y sumiso, para que podamos escuchar la voz de Dios. Entonces podremos escuchar esa voz suave y apacible: «Este es el camino. Esta es la vida». Todos los demás están gritando. Todo lo demás ruge a nuestro alrededor, y dentro de nuestro espíritu oímos un pequeño susurro, pero nadie más lo oye. La verdad de Dios ha hablado, y hemos elegido ser obedientes.

Analicemos lo siguiente: no solo nuestra conciencia puede estar cauterizada, sino que también puede ser malvada. Eso da un poco de miedo, ¿no? Pasemos a Romanos 9:1. Pablo hace otra declaración aquí con respecto a la conciencia. Dice: «Verdad digo en Cristo, no miento, y mi conciencia me da testimonio en el Espíritu Santo». Hay otra forma de decirlo: «Mi conciencia, dando testimonio, ha vindicado que lo que estoy escuchando es lo que el Espíritu Santo ya ha hablado y dirigido». Sé que he dicho esto antes, pero no puedo enfatizarlo lo suficiente. No vamos a recibir ninguna revelación nueva. No hay nada nuevo bajo el sol. No hay nuevas revelaciones. Todo lo que va a ser revelado ya ha sido revelado. «El Espíritu mismo da testimonio a nuestro espíritu», dice Romanos 8:16. Ese versículo en particular continúa y dice que el Espíritu Santo da testimonio a nuestro espíritu de que somos hijos de Dios. Pero en el capítulo 9, su conciencia da testimonio en el Espíritu Santo para confirmar el llamado de Dios a predicar a los gentiles. Si lo leemos en contexto, habla de su deseo de ver a Israel restaurado. Y dice: «Este es el deseo de mi corazón. Pero mi conciencia me lleva por otro camino». ¿Por qué? Regresemos a su llamado. ¿Acaso el llamado no le decía que este sería su ministerio? Iba a ser un ministerio para los gentiles. Pero, al mismo tiempo, iba a ser una ofrenda para la nación de Israel como testimonio contra ellos. Cuando nos damos cuenta de que esto es lo que Pablo estaba diciendo aquí, vemos que era su conciencia diciéndole: «Pablo, tienes que mantener el rumbo. No regreses e intentes atraer a esa gente. Dios te llamó para estar con los gentiles». Todos lo criticaban. «Pablo, ¿qué haces predicando a los gentiles, si tu propia gente está perdida?». Entonces, Pablo dice: «El Espíritu Santo me está dando testimonio de que, aunque no les esté dedicando todo mi tiempo a ustedes, a quienes amo, esto es lo que Dios me ha llamado a hacer». Su conciencia está dando testimonio en el Espíritu Santo.

Conclusión

La conciencia (ese conocimiento intuitivo dentro de uno mismo) es el ámbito del alma que siempre está siendo atraído y al que le hablan dos fuerzas: el bien y el mal. «Así que, queriendo yo hacer el bien [dice Pablo], hallo esta ley: que el mal está en mí» (Romanos 7:21). No todos tienen las mismas convicciones ni la misma conciencia en cuanto a su desempeño, comportamiento, qué comer o beber. ¿Es la conciencia la que finalmente determina lo que está bien y lo que está mal, o es, en última instancia, el Espíritu Santo quien nos guía a la verdad? Por supuesto, es el Espíritu Santo. Él no ha venido a hablar de sí mismo, sino para transmitir las palabras que Jesús habló y para reafirmar y profundizar en el ejemplo de la vida de Cristo.

No hay hombre, mujer ni niño sobre la faz de este planeta que no tenga conciencia, que no tenga un espíritu humano o que no esté siendo abordado por el Espíritu de Dios. Todo hombre tiene el conocimiento de Dios y conoce su presencia. Muchos optan por rechazar la voz del Espíritu de Dios por una sabiduría inferior y eligen vivir en una condenación autodeterminada. Todos tenemos el mecanismo de la conciencia, pero esta puede ser débil o fuerte. La conciencia puede estar cauterizada o puede ser algo que cobra vida, se fortalece y crece. Por lo tanto, no hay confianza en el mecanismo de la conciencia, pero sí podemos confiar en la preparación de nuestras conciencias.

Capítulo 9

Guiados por la obediencia

«[...] guiándome Jehová en el camino [...]»
(Génesis 24:27).

Uno de los principales objetivos de este libro es alejarnos de la falacia de buscar lo espectacular y perder lo sobrenatural. Francamente, la mayoría de los cristianos no experimentarán voces audibles, visiones ni visitas angelicales. La mayor parte de nuestra vida estará determinada por la palabra profética más segura. A medida que nos santificamos, caminamos en obediencia, hacemos lo que sabemos hacer y buscamos la semejanza a Cristo, podemos tener la confianza de que Dios nos está guiando. Gran parte de nuestra vida será dirigida por nuestros padres, nuestro esposo y otros líderes espirituales.

En algún momento de la vida, todos hemos orado de alguna manera así: «Oh Padre, quiero saber tu voluntad. ¿Es esta la persona con la que quieres que me case? ¿Es este el trabajo que quieres que tenga?». Él está interesado en esas cosas y nos las revelará a medida que caminemos en obediencia a él. No tenemos que preguntarle: «Padre, ¿qué quieres que haga?». Cuando nuestro corazón esté bien, Dios se comunicará con nosotros de la manera que sea necesaria y nos guiará por el camino de la justicia.

Dios puede hablarnos y revelarse a nosotros de muchas maneras espectaculares: voces audibles, visitas angelicales. ¿Qué tal escribir a mano en la pared? Es muy ingenioso, ¿verdad? Si Dios lo necesita, él intervendrá y escribirá en la pared. Y luego, si lo hace con crayón, los niños recibirán un reto, ¿verdad? «¿Qué es esto *Mene, Mene, Tekel, Upharsin?*». ¡Deben ser los niños que están escribiendo en la pared!

El hallazgo de Rebeca

Quiero que volvamos al libro de Génesis y veamos un gran ejemplo de cómo y por qué Dios usa métodos espectaculares para guiar a las personas. ¿Recordamos la historia del siervo de Abraham cuando fue a buscar esposa para Isaac? Abraham le dice a su siervo: «Me estoy haciendo viejo, y es hora de que Isaac siga adelante. Hay una promesa de Dios que debe cumplirse». La promesa a la que se refiere se encuentra en Génesis 22:17-18: «De cierto te bendeciré, y multiplicaré tu descendencia como las estrellas del cielo y como la arena que está a la orilla del mar; y tu descendencia poseerá las puertas de sus enemigos. En tu simiente serán benditas todas las naciones de la tierra, por cuanto obedeciste a mi voz». Ahí está de nuevo la palabra «obediencia». Abraham acababa de ofrecer a Isaac, y no voy a tomarme el tiempo de volver a contar esa parte. Pero voy a decir esto: la obediencia es siempre la piedra angular para encontrar la voluntad de Dios.

Si Dios dijo que bendeciría y multiplicaría la descendencia de Abraham, ¿adivina qué? En algún momento, Isaac tenía que buscarse una mujer. Habría descendencia y la perpetuación de este pueblo. Es una revelación bastante simple. Abraham no necesitó mucho discernimiento en ese punto, ¿verdad? Por eso, en el capítulo 24, Abraham dice: «Es hora. Quiero que salgas y encuentres una mujer para mi hijo». Esto tiene que suceder. Es la voluntad del Señor. Isaac va a conseguir una esposa. Nada lo va a impedir, porque Dios lo ha prometido. Quiero que veamos la simplicidad de esto.

¿Nos damos cuenta de que hubo algunos acontecimientos extraños, milagrosos y espectaculares que condujeron hasta este punto en el llamado de Abraham, en el establecimiento del pueblo de Israel, en el establecimiento del linaje del Mesías? ¿Podemos ver que eso es lo que está sucediendo aquí? ¿Nos damos cuenta de que para que el Mesías venga, Isaac necesita una esposa? Digo: «No nos preocupemos tanto por los detalles que nos olvidamos del cumplimiento de la voluntad de Dios. Hay muchas maneras en que Dios puede cumplir su voluntad; ¿amén?». Primero que nada, quiero presentar el panorama general para que no entremos en pánico. La voluntad de Dios se hará. La clave es ser capaces de caminar con discernimiento y comprender en ciertos aspectos específicos que, a medida que la voluntad del Señor se revela, él pondrá límites y directrices a los pasos del buen hombre, según son ordenados por el Señor.

En Génesis 24:28, veremos las instrucciones de Abraham a su siervo mayor: «Y dijo Abraham a un criado suyo, el más viejo de su casa, que era el que gobernaba en todo lo que tenía: Pon ahora tu mano debajo de mi muslo, y te juramentaré por Jehová, Dios de los cielos y Dios de la tierra, que no tomarás para mi hijo mujer de las hijas de los cananeos, entre los cuales yo habito; sino que irás a mi tierra y a mi parentela, y tomarás mujer para mi hijo Isaac. El criado le respondió: Quizá la mujer no querrá venir en pos de mí a esta tierra. ¿Volveré, pues, tu hijo a la tierra de donde saliste? Y Abraham le dijo: Guárdate que no vuelvas a mi hijo allá. Jehová, Dios de los cielos, que me tomó de la casa de mi padre y de la tierra de mi parentela, y me habló y me juró, diciendo: A tu descendencia daré esta tierra; él enviará su ángel delante de ti, y tú traerás de allá mujer para mi hijo. Y si la mujer no quisiere venir en pos de ti, serás libre de este mi juramento; solamente que no vuelvas allá a mi hijo».

Entonces, ¿quién es responsable de lograr esto, el siervo o Dios? Abraham confió en que Dios enviaría a su ángel para cumplir sus promesas. ¿Alguna vez nos sentimos bajo la presión de tener que «hacer» la voluntad de Dios y «cumplir» la voluntad de Dios? Tal vez pensamos: «Si no hago esto, la voluntad de Dios no se cumplirá». Todo lo que Dios quiere es que sigamos sus directivas. Si no funciona, entonces la responsabilidad es de Dios, no nuestra, y ya no somos culpables en esta situación. Eso debería quitarnos la presión de «intentar sanar». ¿Alguna vez hemos intentado sanarnos a nosotros mismos? Probablemente no fuimos muy buenos en eso porque no podemos hacerlo con nuestra propia fuerza. Simplemente caminemos según sus estatutos y confesemos su Palabra. No somos responsables de nada más que eso.

Por lo tanto, la voluntad de Dios se manifiesta cuando obedecemos, no necesariamente en nuestra sanidad. Pero ¿acaso eso hace que la promesa de nuestra sanidad sea menos verdadera? No. Independientemente de lo que experimentemos, no cambiará la revelación de redención de Dios que dice: «Por las llagas de Jesús, fuiste sanado». Sea que nosotros o cualquier otra persona lo experimente o no, esto es un hecho establecido. No somos responsables de que sea verdad. Dios dijo que es verdad. Solo somos responsables de creerlo.

El Espíritu de Dios revela un par de cosas prácticas en ese pasaje de las Escrituras. En primer lugar, la orden «No tomarás para mi hijo mujer de las hijas de los cananeos» se parece mucho a «No os unáis en yugo desigual con los incrédulos» (2 Corintios 6:14). Así que, a todos los que somos creyentes y aún estamos solteros, quiero decirles algo: «No debemos tener relaciones basadas en citas, compromisos ni pactos con incrédulos». No existen las citas evangelísticas. «Tengo revelación de Dios y voy a ganarlo para el Señor». ¡No lo harán!

Estamos comprometiendo la Palabra de Dios. Tenemos revelación, sí, pero proviene de nuestras emociones, no de la Palabra. No hay excepción a esta regla. Así dice el Señor. Es la voluntad de Dios. No perdamos el tiempo orando al respecto.

Otro aspecto práctico se puede encontrar cuando el sirviente de Abraham pregunta: «Si voy allá y la mujer no sale, ¿llevo a Isaac?». Abraham dice que no. Porque Dios lo había sacado de ese lugar y le había ordenado: «No regreses». Dios prometió: «Te llevaré a una tierra nueva. Te he sacado para traerte a una tierra nueva». No dijo que lo llevaría de regreso. No había nada allí por lo que valiera la pena regresar. Pensemos en eso en relación con nuestro nuevo nacimiento. Quizás no estemos pensando en un retorno total al mundo, pero ¿nos estamos desviando hacia sus métodos y sabiduría, en lugar de hacia la nueva revelación de Dios? Él dice: «No volvamos atrás pensando que nos vamos a casar o tener una relación ahí». No permitamos que nadie, creyente o no creyente, nos haga regresar. Esperemos que él los traiga hasta donde estamos, ¡alabado sea Dios! «Por lo cual, salid de en medio de ellos, y apartaos, dice el Señor, y no toquéis lo inmundo; y yo os recibiré» (2 Corintios 6:17). No regresemos jamás a ese estilo de vida carnal ahora que hemos sido liberados y conocemos el camino de la santidad.

A medida que la historia continúa, quiero que captemos algunos detalles, porque son interesantes y nos darán revelaciones prácticas para hoy. Entonces, el sirviente recibe este mensaje y se dirige a Mesopotamia. Génesis 24:11 dice: «E hizo arrodillar los camellos fuera de la ciudad, junto a un pozo de agua, a la hora de la tarde, la hora en que salen las doncellas por agua». Esto no es necesariamente una gran revelación. ¿Sería este un buen momento y lugar para buscar mujeres? Las mujeres, sobre todo las jóvenes, salían por la tarde a hacer sus tareas y a sacar agua para la casa. El hombre conocedor de la cultura sabe que este es el lugar donde se reúnen las jóvenes.

Así que bajó con sus camellos y empezó a observar a las mujeres, pero tenía un problema. Dijo: «¿Cómo voy a saber cuál es? Vendrán mujeres de todo tipo. Necesito una guía. Necesito algo del Señor». Ahora bien, quiero que se entienda. Él estaba yendo a la fuente correcta. No fue a una asociación cristiana de citas. No buscaba citas por computadora. Fue al pozo. «Y dijo: Oh Señor, Dios de mi señor Abraham [...]». Sabía cómo Abraham hacía las cosas. Así que pensó que también le funcionaría.

«Y dijo: Oh Jehová, Dios de mi señor Abraham, dame, te ruego, el tener hoy buen encuentro [...]» (versículo 12). Ahora, veamos su motivo. Está orando por el bien de otra persona. Está creyendo en Dios para que se lleve a cabo un ministerio aquí. Tiene un trabajo que hacer, pero busca al Padre en nombre de Abraham. Dice: «Padre, haz misericordia con mi señor Abraham. Está envejeciendo, y esto es algo que está en su corazón, como el cumplimiento de la promesa que le diste».

Siempre he pensado que el versículo 13 es bastante gracioso. Dijo: «[Mira, Señor, por si no sabes dónde estoy]. He aquí yo estoy junto a la fuente de agua». ¿Alguna vez hemos hecho una oración así? ¿Alguna vez pensamos que Dios nos perdió en medio de un ajetreo? Dijo: «Oye, Señor, soy yo, el que está aquí abajo, junto al pozo. ¡Tengo una necesidad!». Necesitamos orar con especificidad. Muchas veces, no sabemos lo que Dios está haciendo en nuestra vida porque no oramos con la suficiente especificidad. Y muchas veces, tenemos el temor de que si oramos con demasiada especificidad, no recibiremos la respuesta que buscamos. ¿Acaso los cristianos no solemos decir que es Dios, sea o no sea Dios? «Oh, mira cómo me bendijo el Señor». Todo es: «El Señor me bendijo. El Señor me bendijo». Muchas veces, no es Dios quien nos bendice. Muchas veces, son solo circunstancias naturales que se presentan, y puede que sean buenas. Muchas veces, lo que llamamos «bendiciones del Señor» son tentaciones. Son carnadas del enemigo.

En el versículo 14, el siervo de Abraham ora de manera muy específica: «Sea, pues, que la doncella a quien yo dijere: Baja tu cántaro, te ruego, para que yo beba, y ella respondiere: Bebe, y también daré de beber a tus camellos; que sea esta la que tú has destinado para tu siervo Isaac; y en esto conoceré que habrás hecho misericordia con mi señor».

Así que ahora busca una confirmación. Me pregunto por qué no dijo: «Que la mujer que camine delante de mí y tropiece y me eche agua encima sea la indicada». Probablemente no quería a alguien torpe para Isaac. ¿Y qué tal esta? «Que la que diga: "¿Quién te crees que eres, amigo? No me interesa", sea la indicada». Quizás no quería a alguien insolente para Isaac. Estoy seguro de que Dios podría haber respondido a esas señales, pero el sirviente buscaba a una mujer dispuesta a servir, una mujer bondadosa y con gracia. No todas las mujeres junto al pozo habrían actuado como Rebeca. Algunas probablemente habrían dicho: «¿Para ti y tus camellos? ¡Ni hablar, amigo! Tengo que cargar con esto hasta casa. Tengo a estos hermanos y a un padre en casa a quienes tengo que atender todo el tiempo. Solo estoy esperando el movimiento de liberación femenina. ¡Estoy harta de servir todo el tiempo!». Había algunas de ellas junto al pozo, pero ese no era el carácter que buscaba en una esposa para Isaac. Así que, cuando buscamos la guía del Señor no es algo que cae del cielo. Hay razones para algunas de estas cosas que están ocurriendo.

Entonces, el sirviente ora, pide confirmación y establece el estándar. El versículo 15 dice: «Y aconteció que antes que él acabase de hablar [...]». ¿No desearíamos que nuestras oraciones fueran respondidas así? Y que al terminar de orar y decir «Amén», ¡zas!, la cosa sucediera. Él aún no ha terminado de hablar y dice: «[...] he aquí Rebeca, que había nacido a Betuel, hijo de Milca mujer de Nacor hermano de Abraham, la cual salía con su cántaro sobre su hombro. Y la doncella era de aspecto muy hermoso, virgen, a la que varón no había conocido; la cual descendió a la fuente, y llenó su cántaro, y se volvía». No pasemos esto por alto. Hay otro requisito: era virgen. Padres, les sugiero que este sea un requisito para sus hijos. Sí, tanto para los niños como para las niñas.

Miremos el comienzo del versículo 17: «Entonces el criado corrió hacia ella». Hay algo en esta mujer que lo impulsó a correr hasta allá para verla. ¿Saben qué me gusta de esto? Simplemente se lanzó. Si en nuestra vida, las cosas parecen que están en marcha y Dios está obrando, no tengamos miedo de lanzarnos. ¿Amén? Procedamos según la dirección de Dios. No esperemos. No perdamos el tiempo esperando. Si parece que Dios está obrando, entonces movámonos en esa dirección. Él nos detendrá. Dios puede pisar los frenos, así que no tengamos miedo. «¡Hay un incendio! ¡Incendio! ¡Está fuera de control!». Dios tiene un extinguidor si las cosas se salen de control. No creo que tengamos que preocuparnos por eso hoy en día. No hay mucha gente descontrolada y fanática de Dios. Parece que vivimos en la época de los «escogidos congelados». Sería bueno ver a algunas personas arder por Dios.

«Entonces el criado corrió hacia ella, y dijo: Te ruego que me des a beber un poco de agua de tu cántaro. Ella respondió: Bebe, señor mío; y se dio prisa a bajar su cántaro sobre su mano, y le dio a beber. Y cuando acabó de darle de beber, dijo: También para tus camellos sacaré agua, hasta que acaben de beber» (versículos 17-19). Ya sabemos que estos camellos pueden beber mucha agua. Así que esta muchacha está trabajando duro. Simplemente está sirviendo, y no parece que se esté quejando. El sirviente ve todo esto y probablemente está pensando: «¡Guau! ¡Mira esto! Tiene un corazón de sierva. Es una dadora alegre. Además, es atractiva. Me pregunto si sabe cocinar». Estoy seguro de que eso le pasó por su mente.

La confirmación que él buscaba se está cumpliendo, ¿no es así? Observemos su declaración aquí en el versículo 21: «Y el hombre estaba maravillado de ella, callando, para saber si Jehová había prosperado su viaje, o no». ¿Qué más necesitaba ver? A estas alturas, ¿no habríamos tenido este documento firmado, sellado y listo para entregar? Pero, como ven, aún falta. La confirmación no fue suficiente. Simplemente lo condujo al siguiente paso.

«Y cuando los camellos acabaron de beber, le dio el hombre un pendiente de oro que pesaba medio siclo, y dos brazaletes que pesaban diez, y dijo: ¿De quién eres hija? Te ruego que me digas: ¿hay en casa de tu padre lugar donde posemos?» (versículos 22-23). Ese es el siguiente paso. Y notemos algo importante: él no simplemente la tomó, la subió a un camello y la llevó a donde estaba Isaac. Aunque las señales externas revelaban que esta era la voluntad de Dios manifestándose, había cierta autoridad. Vemos que no rompe el orden establecido. Dios no va a pasar por alto la autoridad en esta casa. Dios va a comenzar a obrar y se va a ocupar de los corazones de Rebeca y su familia conforme su voluntad se va manifestando.

¿Nos olvidamos a veces que Dios tiene que tratar con las personas y guiarlas? Muchas veces, son las personas las que ralentizan el proceso de aquello por lo que estamos creyendo a Dios. Son las pesas, y él las arrastra. Puede ser nuestro jefe o cónyuge. Pero en algún momento, al orar decimos: «Quiero tu voluntad, Señor. Haz que se cumpla en mi vida. Sé que esta es tu voluntad, alabado sea Dios. Todo parece ir por este camino. Pero ¿por qué no sucede ahora?». Dios continúa ocupándose de otras vidas. ¿No creemos que él puede alinearlas?

Ahora, observemos esto en los versículos 24-26: «Y ella respondió: Soy hija de Betuel hijo de Milca, el cual ella dio a luz a Nacor. Y añadió: También hay en nuestra casa paja y mucho forraje, y lugar para posar. ["¡Somos bendecidos, alabado sea Dios! Sí, vengan, regresemos y compartamos lo que está pasando aquí con la familia"]. El hombre entonces se inclinó [y quiero que vean algo], y adoró a Jehová». No esperemos a que todo suceda como lo soñamos y planificamos para empezar a dar gracias a Dios. Esto aún no ha terminado. Pero él ve la mano de Dios obrando, y empieza a añadir el ingrediente de la alabanza y la adoración porque sabe que el Señor está ordenando sus pasos. Se le están aclarando las cosas. Empieza a alabar a Dios. Dios lo está guiando. Esta es la voluntad del Señor. Puede ver que se está cumpliendo. Aún no ha terminado, pero sabe que Dios está obrando. Está alabando al Señor y disfrutando.

Versículo 27: «Y dijo: Bendito sea Jehová, Dios de mi amo Abraham, que no apartó de mi amo su misericordia y su verdad, guiándome Jehová en el camino a casa de los hermanos de mi amo». Tomémonos un momento para captar esa frase: «Guiándome Jehová en el camino». ¡Qué buena guía! Él acaba de llegar a esa tierra, y Dios lo condujo específicamente a la casa donde quería que fuera. Recuerden que Abraham declaró en el versículo 7: «Él enviará su ángel delante de ti, y tú traerás de allá mujer para mi hijo». ¿No es ingenioso? ¿Nos damos cuenta de que los ángeles de Dios están ahora mismo ministrando a nuestro favor? La Biblia dice: «¿No son todos espíritus ministradores, enviados para servicio a favor de los que serán herederos de la salvación?» (Hebreos 1:14). ¿Amén? Son buenas noticias si confiamos y creemos en Dios. Están ahí, negociando y poniendo las cosas en orden para que se haga la voluntad del Señor.

¿Somos conscientes de que algunas cosas que suceden en nuestra vida son una respuesta directa a las oraciones específicas de otras personas? La oración de Abraham está siendo respondida, pero ¿quién fue el autor de esa oración? Dios. Así que, en nuestras oraciones, no podemos simplemente empezar a lanzar cosas al azar. Primero necesitamos pasar tiempo con Dios, como lo hizo Abraham, para escuchar la dirección del Señor. Entonces podemos empezar a decretar esas cosas y ver como los ángeles de Dios salen y las hacen realidad.

Ahora, miremos la otra cara de la historia. ¿No es interesante cómo Dios está mostrando ambas caras aquí? Rebeca corre de vuelta a la casa y le cuenta a su familia todo lo que ha sucedido. Su hermano, Labán, vio los aretes y los brazaletes y dijo: «Voy a ir a ver a este tipo». Puedo verlo ahora mismo mirando esos brazaletes, diciendo: «Guau, ¡qué bien! Nos estamos preparando para casarla con alguien de dinero. Esto tiene que ser obra de Dios. Es decir, después de todo, si se va a ir, que se case con alguien con dinero». Más adelante, él empezará a tener una perspectiva espiritual, pero su primera respuesta fue material. La primera respuesta de Abraham fue espiritual.

Luego, en los versículos 31-48, la familia invita al hombre a entrar, y él les cuenta todo lo que Dios había hecho por Abraham y todos los eventos sobrenaturales que lo llevaron a su casa. Al terminar, les dice: «Ahora, pues, [la siguiente palabra es muy importante], si vosotros hacéis misericordia y verdad con mi señor, declarádmelo; y si no, declarádmelo; y me iré a la diestra o a la siniestra» (Génesis 24:49). Básicamente les está diciendo: «Esta es una oportunidad para que obedezcan a Dios, pero esto no depende de ustedes. Si no quieren hacerlo, Dios tiene a alguien más que sí lo hará. No tengo un camino predeterminado. Dios me guio hasta aquí y me guiará a la izquierda o a la derecha si no están dispuestos. No importa. Pero esta es la oportunidad para que Dios los use. ¿Están de acuerdo?».

Si solo se hubiera centrado en las señales externas, se habría encerrado en sí mismo y habría dicho: «Esta es la única manera en que puede suceder. Esta es la voluntad de Dios. Ella debe ser la mujer». Pero Dios no está diciendo eso ahora. ¿Cuántas veces hemos encerrado a Dios en algo así, sin darnos cuenta de que su voluntad y sus propósitos, muchas veces, son mucho más grandes que las circunstancias temporales en que estamos atrapados? Tal vez estamos seguros de haber escuchado a Dios, y las circunstancias lo confirmaron. Luego, por alguna razón, no se cumplió. «Debo haber pasado por alto a Dios». Quizás alguien más ha pasado por alto a Dios. Simplemente permitamos que él siga guiando nuestro camino. Así sucederá; ¿amén?

Si hemos hecho todo lo que Dios nos dijo que hiciéramos y no funcionó, no hemos pasado por alto a Dios. Sin embargo, ¿cuántas veces el diablo nos azotó por estas cosas? «Fallaste en seguir a Dios. Si fuera de Dios, habría sucedido de esa manera». No, había otras personas involucradas en esto. Y el sirviente dijo: «¿Quieren que esto suceda? Si no, díganmelo y me largo de aquí». «Entonces Labán y Betuel respondieron y dijeron: De Jehová ha salido esto; no podemos hablarte malo ni bueno» (versículo 50).

Finalmente, ellos se dieron cuenta de que era mejor no jugar con esto. Captaron la revelación de que se trataba de algo más grande que su comprensión y deseos naturales. Dijeron: «He ahí Rebeca delante de ti; tómala y vete, y sea mujer del hijo de tu señor, como lo ha dicho Jehová» (versículo 51). La autoridad establecida por Dios se había subordinado a su voluntad, y adoraron al Señor. «Y sacó el criado alhajas de plata y alhajas de oro, y vestidos, y dio a Rebeca; también dio cosas preciosas a su hermano y a su madre» (versículo 53).

Al final del versículo 54, dice: «Y levantándose de mañana, dijo: Enviadme a mi señor». Pero la madre y el hermano de Rebeca querían que se quedara con ellos unos días más. Querían la voluntad del Señor, pero no justo ahora. «Sí, estoy dispuesto a renunciar a todo, pero no ahora. Permíteme un poco más de tiempo».

Pero el siervo de Abraham se mantiene firme: «Y él les dijo: No me detengáis, ya que Jehová ha prosperado mi camino; despachadme para que me vaya a mi señor. Ellos respondieron entonces: Llamemos a la doncella y preguntémosle». Rebeca entró y le preguntaron: «¿Irás?». Ella dijo: «Sí, estoy lista. Tráeme un camello». Este era un tiempo en el que, culturalmente, las mujeres no tenían voz ni voto. Pero Dios no impone su voluntad a nadie, independientemente de la cultura. Esta es la clase de mujer que Dios buscaba. Ella estaba lista para hacer la voluntad de Dios. Fue incorporada en el linaje mesiánico por su disposición a ir y buscar a Dios ahora, cuando la oportunidad estaba presente. Esta era una joven dispuesta a abandonar toda la seguridad que conocía, las raíces de su hogar, para ir y seguir la voluntad del Señor.

Entonces, ¿dónde ha estado Isaac todo este tiempo? El versículo 63 lo encuentra meditando en el campo. Está pensando en las promesas de Dios y adorando al Señor. Si no tenía nada más por qué estar agradecido, al menos estaba agradecido de haber bajado de esa montaña, ¿verdad? O sea, no hace mucho tiempo que su padre estuvo a punto de ofrecerlo en sacrificio. Dijo: «Oh, gracias, Dios». Está adorando al Señor porque fue liberado. Ahora, Rebeca vio a Isaac de lejos, saltó del camello y tomó un velo para cubrirse. Cuando finalmente se encontraron, lo primero que sucedió fue que el siervo le contó todo lo que había sucedido a Isaac. Observemos que ella todavía tenía el velo puesto. No había todo ese proceso de citas. En ese momento en particular, Isaac no sabía realmente cómo era esta mujer. Era la voluntad de Dios. La voluntad del Señor los había unido. El matrimonio se consumó físicamente, según nos dice el versículo 67: «La trajo Isaac a la tienda de su madre Sara, y tomó a Rebeca por mujer, y la amó; y se consoló Isaac después de la muerte de su madre».

No fue hasta la mañana siguiente que se dio cuenta de lo hermosa que era, pero sabía que estaba cumpliendo la voluntad de Dios. Este era un joven que se había entregado por completo al Señor, y esta era una joven que creía en Dios. Ambos fueron bendecidos en este aspecto de sus vidas, y la voluntad del Señor se cumplió.

Conclusión

Voy a detenerme aquí, retroceder y abordar rápidamente tres puntos principales. Volvamos al versículo 21: «Y el hombre estaba maravillado de ella, callando». Justo ante sus ojos, las circunstancias estaban confirmando las revelaciones externas que él había pedido. Sin embargo, guardó silencio al respecto. El versículo 27 dice que el Señor lo guio mientras estaba «en el camino». Y en el versículo 49 el siervo plantea: «Ahora, pues, si vosotros hacéis misericordia y verdad con mi señor, declarádmelo; y si no, declarádmelo; y me iré a la diestra o a la siniestra». La voluntad de Dios no se verá obstaculizada por nuestra desobediencia.

Estoy convencido de que la mayoría de los cristianos dedican su tiempo a querer escuchar historias de una guía específica y pierden el mensaje principal que el Espíritu Santo intenta comunicar a la Iglesia hoy. Las historias de individuos guiados por el Espíritu de Dios, ya sean Smith Wigglesworth, George Mueller o algunos de ellos que escucharon atentamente la palabra del Señor, son muy emocionantes y alentadoras. Pero no nos dejemos llevar por lo espectacular ni olvidemos el precio que estas personas pagaron para escuchar la voz de Dios. Demasiados cristianos dedican su tiempo a buscar la voz en lugar de buscar al Dios que habla y guía. La razón por la que esas personas escucharon las palabras de Dios tan claramente es porque tenían un corazón para Dios y estaban dispuestos a hacer la obra de Dios, aunque nunca escucharan una palabra.

Capítulo 10

Cómo hallar sosiego en el pozo

«Mas Jehová estaba con José» (Génesis 39:2).

En Proverbios 3:5-6, aparece esta admonición: «Fíate de Jehová de todo tu corazón, y no te apoyes en tu propia prudencia. Reconócelo en todos tus caminos, y él enderezará tus veredas». Hay una tendencia natural dentro de nosotros a confiar siempre en nuestra propia percepción. Por lo tanto, tenemos que abordar cada decisión dándonos cuenta de que no debemos apoyarnos en nuestro propio entendimiento. Las Escrituras dicen que hay un camino que parece recto al hombre, pero que sus caminos son más altos que nuestros caminos, ¿amén? Hay un camino que el hombre puede probar, y luego están los caminos de Dios que trascienden todo lo que la mente natural considera seguro y digno de confianza. Dios nos está llamando al reino de lo invisible, al reino de lo sobrenatural, al camino de la fe (sin la cual es imposible agradarle). La fe ve en el reino espiritual con una perspectiva eterna y lo abraza. La fe no necesita saber cómo va a funcionar. Simplemente sabe que todas las cosas obran para el bien de aquellos que aman a Dios y son llamados conforme a su propósito. «Fíate de Jehová de todo tu corazón, y no te apoyes en tu propia prudencia».

Sea cual sea la decisión a la que nos enfrentemos, debemos preguntarnos lo siguiente: «¿Estoy reconociendo a Dios en esto?». No cometamos el error de pensar que nuestros propios apetitos reflejan la mente de Dios. Por eso tenemos que estudiar y presentarnos ante Dios aprobados, como obreros que no tienen de qué avergonzarse, que emplean bien la palabra de verdad. Debemos ser capaces de discernir entre nuestro propio corazón y la mente de Dios. ¿Glorificaremos a Dios con la decisión que estamos a punto de tomar? ¿Es él el autor y el consumador del camino que estamos a punto de emprender? Si es así, entonces debería colocarnos en una posición de paz y descanso. Éxodo 33:14 nos dice que el descanso se basa en la presencia de Dios, y no en las circunstancias externas. Si solo podemos descansar en tiempos de tranquilidad, victoria y satisfacción, entonces es muy probable que tengamos una mentalidad carnal (lo cual, dicen las Escrituras, es la muerte). Por ende, tener una mentalidad espiritual es vida y paz. Ya sea en la abundancia o en la adversidad, la mente espiritual está contenta y descansa.

De la profecía al pozo

No hay mejor ejemplo de ello que la vida de José, ¿verdad? La historia de José nos encanta, ¿cierto? ¿Acaso creemos que José habría actuado con inteligencia si hubiera mantenido la boca cerrada? Eso es lo que piensa la mente natural. Pero ¿quién creemos que estaba detrás de su parloteo? ¿Somos conscientes de que a veces la voluntad de Dios está detrás de esas personas odiosas? ¿Nos damos cuenta de que a veces Dios actúa utilizando a los que hablan de más? ¿Alguna vez nos preguntamos después de abrir la bocaza: «¿Por qué dije eso? ¡Mira lo que salió de mi boca!».

Estoy seguro de que todos conocemos la historia, pero vayamos a Génesis 37, y echemos un vistazo a José, el muchacho de diecisiete años que hablaba de más. En el versículo 4 leemos: «Y viendo sus hermanos que su padre lo amaba más que a todos sus hermanos, le aborrecían, y no podían hablarle pacíficamente». Simplemente no tenían nada bueno que decirle a José. Él era un joven que buscaba a Dios, y el Señor le dio un sueño. Estaba entusiasmado con lo que Dios estaba haciendo, así que lo comparte y dice: «Muchachos, ¡no lo van a creer! Mientras estaba orando, Dios...». Estos otros muchachos no buscaban al Señor como lo hacía José. José estaba escuchando a Dios, y eso iba en su contra. El espíritu en este joven era ofensivo para ellos. Siempre surge una ofensa entre la gente religiosa y aquellos que están obrando según la Palabra de Dios. Entonces, en los versículos 7-8, José dijo: «[Tuve este sueño] He aquí que atábamos manojos en medio del campo, y he aquí que mi manojo se levantaba y estaba derecho, y que vuestros manojos estaban alrededor y se inclinaban al mío. [...] Y le aborrecieron aún más a causa de sus sueños y sus palabras». No es precisamente una buena idea decirles eso a nuestros hermanos mayores, especialmente cuando ya de por sí no nos quieren.

Y el papá, que estaba tratando de resolver las cosas, estoy seguro, vino y dijo: «Ahora miren, muchachos, si Dios está obrando en su vida, entonces ustedes van a tener que aceptar la voluntad de Dios. Puede haber un día en que Dios lo exalte en gloria y honor, y este podría ser el Señor hablando». Y, luego, José dice: «El sol, la luna y las once estrellas me rindieron pleitesía». Eso no le gustó tanto a Jacob. Vemos su respuesta en Génesis 37:10-11: «[Ahora, mira, hijo. Tus hermanos pueden inclinarse ante ti, pero le estás hablando a papá]. ¿Qué sueño es este que soñaste? ¿Acaso vendremos yo y tu madre y tus hermanos a postrarnos en tierra ante ti? Y sus hermanos le tenían envidia, mas su padre [dio un paso atrás y] meditaba en esto».

La historia continúa a partir de ahí, y los hermanos dicen: «De acuerdo, tenemos que matar a este tipo. Tenemos que quitárnoslo de encima». En Génesis 37:21-22, Rubén interviene y propone: «No lo matemos. Tirémoslo al pozo». Luego pasa por allí una caravana y dicen: «Vamos a venderlo. Ya que estamos, podríamos sacarle algún provecho. No sirve para nada». Así que venden a José como esclavo e inventan la historia de que una bestia salvaje lo había matado. ¡Qué interesante giro de los acontecimientos! Dios acababa de revelarle a José que está a su favor y que nadie puede estar en su contra, que será bendecido al entrar y al salir, que Dios se complace en darle su reino y que todo lo que toque prosperará. Los sueños emocionan el corazón de José, pero ahora está en un pozo, y sus hermanos están allí burlándose de él.

¿Qué ocurre en la vida de las personas entre la profecía y el pozo? El pozo, implica «lo peor», ¿verdad? Alguna vez hemos estado allí. Estábamos seguros de que Dios nos estaba guiando en una dirección determinada. Y de repente, estamos en un pozo: aislados, abandonados, exiliados de los hermanos, envidiados, despreciados, odiados. Todo lo que estábamos haciendo era decir lo que Dios decía. Probablemente José estaba pensando: «No entiendo. Todo lo que hice fue pararme ante mis hermanos y decir lo que Dios dijo. Y ellos me odian». Yo he pasado por eso. Sé de qué se trata todo eso. En el pozo, tenemos dos opciones: la autocompasión o la adoración. El Juez de toda la tierra hace lo correcto. El Señor da y el Señor quita. Bendito sea el nombre del Señor. No se haga mi voluntad, hágase la tuya.

Cuando estamos en el pozo, ¿cuál suele ser nuestra primera suposición? Probablemente pensemos que una gran luz rodeará el pozo, que seremos sacados fuera de allí de inmediato, resucitados al instante, que pasaremos flotando por encima de los hermanos mientras ellos se inclinan, ¡alabado sea Dios! Pero no siempre funciona así. El siguiente paso de Dios puede ser entregarnos a la esclavitud. José salió del pozo y fue arrojado directamente a la esclavitud, Génesis 39:1-2: «Llevado, pues, José a Egipto, Potifar oficial de Faraón, capitán de la guardia, varón egipcio, lo compró de los ismaelitas que lo habían llevado allá. Mas Jehová estaba con José [...]». Me encanta esa parte: «Mas Jehová estaba con José». Pongamos nuestro nombre ahí: «Y el Señor estaba con...». Él dijo que nunca nos dejaría ni nos abandonaría. Dijo que iría delante de nosotros y prepararía un camino. Dijo que no permitiría que fuéramos tentados más allá de lo que podemos soportar. Y con cada tentación, él provee un camino de escape.

Un esclavo próspero

«Mas Jehová estaba con José, y fue varón próspero» (Génesis 39:2). ¿Cómo podría un esclavo ser próspero? «Y vio su amo que Jehová estaba con él, y que todo lo que él hacía, Jehová lo hacía prosperar en su mano» (versículo 3). Él era un hombre diligente, un hombre de carácter. No estaba simplemente diciendo: «Bueno, aquí estoy. Voy a sentarme y ver qué pasa». Quisiera que nos preguntemos: ¿estamos haciendo lo mejor que podemos con lo que tenemos? ¿Estamos permitiendo que Dios sea glorificado en nuestra vida? ¿O ponemos excusas como: «Si yo fuera libre y pudiera tomar mis propias decisiones», «Si no estuviera trabajando para alguien más», «Si tuviera mi propio negocio»? No. El problema es que no tenemos carácter. No trabajamos para nuestro propio beneficio ni para alguien más, debemos hacer todo como para el Señor. «No sé por qué el Señor me puso en este lugar servil. Si tuviera mi propio negocio, realmente podría hacer más cosas». ¿Quién ha ordenado nuestros pasos?

En Génesis 39:4 se lee: «Así halló José gracia en sus ojos, y le servía; y él le hizo mayordomo [...]». Y luego, en el versículo 5, se produce todo un fenómeno. El Señor comenzó a bendecir la casa de este hombre porque José estaba allí. ¿Entendemos que eso es lo que dicen las Escrituras de nosotros si nos humillamos? ¿Nos damos cuenta de que en medio de las circunstancias adversas Dios nos bendecirá? Él bendecirá a la gente que nos rodea. ¿Creemos eso? Yo creo que mientras estoy en los asuntos de mi Padre, aquellos que se me oponen, se oponen a Dios. Yo creo eso. Ahora, no desviemos el énfasis. No se trata de que los que se oponen a mis planes, se oponen a Dios. No se trata de mí. Soy un esclavo, un siervo. Me ocupo de los asuntos del Padre. Todo lo que hago es lo que Dios me ha pedido que haga. Si soy fiel, él me preservará. Y no solo me va a preservar, sino que en los tiempos que él elija me prosperará. Así que, o estoy prosperando o estoy siendo preservado. Sé cómo contentarme. «Se cómo vivir humildemente, y sé tener abundancia». Pablo entendió ese contentamiento. José también lo entendió, y Dios lo bendijo sobrenaturalmente. Génesis 39:6 dice: «[Potifar] dejó todo lo que tenía en mano de José [...]. Y era José de hermoso semblante y bella presencia». ¿Acaso no es un esclavo? No es dueño de nada, ningún plan de jubilación, ninguna propiedad. Era solo un esclavo con un sueño que parecía imposible. «Antes bien sea Dios veraz, y todo hombre mentiroso». Él no tiene libre albedrío, no puede ir a donde quiere ir. Es un esclavo. Pero en medio de ese contexto, Dios lo está preservando y prosperando.

Las cosas empiezan a mejorar; pero, entonces, ya conocemos la historia. La mujer de Potifar pone sus ojos en él y trata de seducirlo. «Y ella le dice: "Duerme conmigo"». Y José le dice que todo «mentiroso» se encontrará en el lago de fuego. No, no fue así. Tal vez fue: «¿Cómo, pues, podría yo hacer esta gran maldad, y pecar contra Potifar que ha sido tan bueno conmigo? Potifar me ha bendecido. Fui enviado aquí como esclavo, y él no conoce nada de lo que posee excepto el pan que come por la noche. Yo estoy a cargo de toda su casa. ¿Cómo puedo hacer esto y pecar contra Potifar?». Oh, no. Eso no es lo que dice, ¿verdad? Versículo 9: «¿Cómo, pues, haría yo este grande mal, y pecaría contra Dios?».

Reconozcamos a Dios en todo lo que hacemos. No se trata de herir los sentimientos de nadie o de cómo nos puede afectar a nosotros. Cada decisión que tomamos debe ser guiada por esta pregunta: ¿cómo glorificará esto a Dios? ¿Acaso acostarse con esta mujer glorificará a Dios? No. ¿Podría haberle facilitado momentáneamente la vida a José? Sí. Él pudo haber dicho: «Esta decisión puede hacer que me gane un favor aquí, y la mujer me está insistiendo. No quiero herir sus sentimientos. Ella puede ponerme las cosas difíciles, así que mejor lo hago. ¿Quién se va a enterar?». Dios se enterará. ¿Glorificará esta decisión a Dios? «Bueno, simplemente voy a ignorar a esta mujer. Ya se le va a pasar».

Jóvenes, lean Proverbios. No sean tontos. Ni siquiera vayan a la esquina. Dios mío, se caerán en el pozo. A los jóvenes quiero decirles: Dios tiene una vía de escape para ustedes, y Satanás cuenta con los abogados para destruirlos. Pueden consultar en la Palabra de Dios la clase de mujer que él tiene para ustedes, y no es una de estas prostitutas.

Las Escrituras dejan muy en claro que día a día ella lo seduce y «él no le hace caso». Así que finalmente, ella se vuelve un poco más agresiva y trata de abalanzarse sobre él: «Y ella lo asió por su ropa, diciendo: Duerme conmigo» (versículo 12). Y el muchacho dice: «Oye, soy un hombre, ¡dame un respiro!». Sabemos que la mayoría de los hombres son como animales. La mayoría de los hombres están bajo la severa influencia de la testosterona. La mayoría de los hombres están en un perpetuo estado de «excitación». Estoy compartiendo esto para que las señoras entiendan. No piensen que su marido es una excepción. Es la composición química. José es un hombre joven. Todos recordamos cómo éramos a los veinte años. ¡Dios mío, una locura! Ella agarra a este joven y le dice: «Duerme conmigo». ¿Y qué hizo él? ¿Qué dicen las Escrituras aquí? Él tenía un rumbo fijo. Buscaba glorificar a Dios. Él le dice: «¿Cómo puedo hacer esta gran maldad y pecar contra Dios?». Las Escrituras dicen que él simplemente deja su ropa y huye. Huyan de la apariencia misma del mal. Huyan de las pasiones juveniles, dicen las Escrituras. ¡Amado Señor! Cuando en duda, hay que huir. Vivamos para luchar otro día. No nos pongamos en esa situación. Pero si nos encontramos allí y esas son las circunstancias, ¡entonces huyamos!

¿Qué nos va a costar? Diré lo que nos puede costar: toda nuestra prosperidad, bienestar y comodidad. Esta clase de decisión de permanecer puros para Dios puede llevarnos a prisión. De hecho, eso es lo que le pasó a José. Le mintieron. Fue encarcelado. Pero miremos los versículos 21-22, atesorémoslos en nuestro corazón, pongamos nuestros nombres allí: «Pero Jehová estaba con José y le extendió su misericordia, y le dio gracia en los ojos del jefe de la cárcel. Y el jefe de la cárcel entregó en mano de José el cuidado de todos los presos […]». ¿Realmente creemos que Dios está con nosotros? ¿Realmente creemos que el Señor ordena nuestros pasos? ¿Cómo es que, en medio de toda esta adversidad, José siempre parece salir oliendo a rosas? Tenía piedad con contentamiento. Había determinado glorificar a Dios sin importar el costo. Dios conoce nuestro corazón. Él no nos guarda de la adversidad, pruebas y tribulaciones, sino que nos hace conocer su presencia en medio de ellas. En esa paz viene la prosperidad, y por eso José siguió prosperando. Así que: «[…] cosa alguna de las que estaban al cuidado de José, [dice el versículo 23] porque Jehová estaba con José, y lo que él hacía, Jehová lo prosperaba». ¡Qué historia tan fabulosa! Me encanta la historia de José. He pasado mucho tiempo en ella, buscando imbuirme del espíritu de este hombre. Quiero ser capaz de caminar en ese tipo de circunstancias como él lo hizo. Me he quedado muy corto, pero sigo en esa búsqueda con todas mis fuerzas.

A medida que avanza la historia, algunos prisioneros fueron enviados desde la casa del faraón. Tienen sueños, y José comparte la interpretación con ellos. Al final, el faraón se entera de que había un hombre en la prisión que podía interpretar esos sueños. Y la humildad de José se ve en el capítulo 41:16: «Respondió José a Faraón, diciendo: No está en mí; Dios será el que dé respuesta propicia a Faraón». ¿Queremos ser usados por Dios? ¿Queremos que nuestros pasos sean ordenados? Entonces empecemos a darnos cuenta de que no se trata de nosotros. Solo somos pequeñas piezas del gran tapiz de redención de Dios.

También está la historia de las vacas flacas y las vacas gordas. Podemos obtener algo de sabiduría en Génesis 41:34. Cuando las cosas vayan realmente bien, debemos ahorrar el veinte por ciento. Guardar el veinte por ciento para los años de vacas flacas. Observamos que José interpreta esta visión de la hambruna que iba a venir, y esta sabiduría preserva a la nación. Dios está prosperando a José, y las Escrituras dicen que, en el versículo 38, el faraón preguntó a sus siervos: «¿Acaso hallaremos a otro hombre como este, en quien esté el espíritu de Dios?». Entonces, en el versículo 40, determina: «Tú estarás sobre mi casa, y por tu palabra se gobernará todo mi pueblo; solamente en el trono seré yo mayor que tú». Él sigue siendo un esclavo. Es el muchacho que tiene un sueño, que escapó del pozo, de la casa de Potifar y de la prisión. Ha sido humillado y ha aprendido a vivir en la abundancia. Todos estos altibajos han sido parte de la dirección de Dios para su vida. Pero ¿para qué? ¿Tenía que ver con José? No, tenía que ver con preservar la simiente de Dios. Todo lo que sucede en nuestra vida no se trata solo de nosotros. No se trata de nuestra ganancia personal y nuestro bienestar. Las Escrituras dicen que no vivimos para nosotros mismos, ni siquiera morimos para nosotros mismos. Y así, cuando José se encuentra con sus hermanos en el capítulo 45, a partir del versículo 5, les dice: «Ahora, pues, no os entristezcáis, ni os pese de haberme vendido acá; porque para preservación de vida me envió Dios delante de vosotros». «Para preservación de vida me envió Dios delante de vosotros [...] no fuisteis vosotros los que me enviasteis aquí, sino Dios [...]». ¿Lo creemos? Entonces estaremos en paz en el pozo y en la prisión. Los pasos del hombre bueno son ordenados por el Señor.

Conclusión

El Padre se preocupa por todos los aspectos de nuestra vida. Se preocupa por las cosas pequeñas. Cada pelo de nuestras cabezas está contado. ¿No nos alegramos? Él puede llamarnos por nuestro nombre, ¡alabado sea Dios! Las Escrituras, por supuesto, dejan muy claro que no hay ni un gorrión que pueda caer y que el Padre no esté al tanto (Mateo 10:29-31). El Padre está al tanto de cada área de nuestra vida. Tenemos esa promesa. Entonces, ¿por qué nos quedamos atrapados en cada paso específico? Nos preocupamos por el mañana, y nos inquietamos por tener todos los cabos sueltos atados y todo perfectamente organizado. Las Escrituras dicen: «Así que, no os afanéis por el día de mañana, porque el día de mañana traerá su afán. Basta a cada día su propio mal» (Mateo 6:34). No pensemos en el mañana. De esas cosas se ocupará Dios a medida que las enfrentemos. Echemos toda nuestra preocupación sobre él, porque él cuida de nosotros (1 Pedro 5:7). Amén. «Por nada estéis afanosos [ansiosos], sino sean conocidas vuestras peticiones delante de Dios en toda oración y ruego, con acción de gracias. Y la paz de Dios, que sobrepasa todo entendimiento, guardará vuestros corazones y vuestros pensamientos en Cristo Jesús» (Filipenses 4:6-7).

Capítulo 11

No nos dejemos engañar

«Ve con esta tu fuerza, y salvarás a Israel de la mano de los madianitas. ¿No te envío yo?» (Jueces 6:14).

A muchas personas les gustan las señales como el vellón para discernir la voluntad de Dios, pero si intentamos vivir guiados por ellas, terminaremos siendo engañados. Sin embargo, si provienen de Dios, pueden ser una confirmación precisa y confiable de su voluntad para nuestra vida. Es bíblico, dado que la Biblia dice que no debemos tentar al Señor nuestro Dios. Por eso, no pidamos señales en cada decisión de la vida. No es el método habitual de guía. No debemos decir: «Si esta luz no se pone roja, entonces es la voluntad de Dios que siga yendo en dirección a la tienda de licores».

Dios no guía por señales; son solo una de las revelaciones externas que Dios utiliza para confirmar su Palabra. Dios podría utilizar una convicción interna o una voz audible que nos hable, pero esto siempre confirmará algo que Dios ya ha revelado en la Palabra. Todo lo que Dios dice se encuentra en la Biblia. Cuanto más la conocemos y la entendemos, más fácilmente y con mayor precisión vamos a recibir la verdad y la guía de una revelación externa. Si tenemos la Palabra y el conocimiento de Dios en nosotros, será más fácil para el Espíritu Santo estimular esa Palabra y hacerla discernible para nosotros. Entonces podremos saber cuál es la voluntad de Dios para nosotros en un momento o lugar determinado. Por eso: «Procura con diligencia presentarte a Dios aprobado, como obrero que no tiene de qué avergonzarse, que usa bien la palabra de verdad» (2 Timoteo 2:15).

La primera señal

Vayamos a Jueces 6, y quiero que analicemos a Gedeón, ese poderoso hombre de valor. Su historia es un gran ejemplo de cómo Dios usa revelaciones externas como el vellón y las visitas angelicales. «Jehová envió a los hijos de Israel un varón profeta, el cual les dijo: Así ha dicho Jehová Dios de Israel: Yo os hice salir de Egipto, y os saqué de la casa de servidumbre. Os libré de mano de los egipcios, y de mano de todos los que os afligieron, a los cuales eché de delante de vosotros, y os di su tierra; y os dije: Yo soy Jehová vuestro Dios; no temáis a los dioses de los amorreos, en cuya tierra habitáis; pero no habéis obedecido a mi voz» (versículos 8-10).

Dios utilizó a Moisés y Josué para conducir a los israelitas a la tierra prometida. Aquí, el pueblo se acobarda por miedo a los amorreos. También están caminando en desobediencia, pero Dios decide enviarles una visitación, una aparición de su propia presencia y poder. Un ángel del Señor vino y se sentó bajo un roble. Las Escrituras dicen que Gedeón estaba allí, trillando el trigo junto al lagar para ocultarlo de los madianitas. «Y el ángel de Jehová se le apareció, y le dijo: Jehová está contigo, varón esforzado y valiente» (Jueces 6:12). Gedeón entonces comenzó a quejarse y a llorar: «"Y Gedeón le respondió: Ah, señor mío, si Jehová está con nosotros, ¿por qué nos ha sobrevenido todo esto? ¿Y dónde están todas sus maravillas, que nuestros padres nos han contado, diciendo: ¿No nos sacó Jehová de Egipto? Y ahora Jehová nos ha desamparado, y nos ha entregado en mano de los madianitas"» (versículo 13).

Miremos la muestra de la paciencia de Dios en su respuesta: «Y mirándole Jehová, le dijo: Ve con esta tu fuerza, y salvarás a Israel de la mano de los madianitas. ¿No te envío yo?» (Jueces 6:14). Si Dios es por nosotros, entonces nadie puede estar contra nosotros. Somos más que vencedores cuando tenemos la confianza de ser enviados por Dios.

Aquí está la guía: Dios lo estaba enviando como libertador. Gedeón recibió el mandato, y los ángeles le aseguraron que Dios estaría con él. «Y él respondió: Yo te ruego que si he hallado gracia delante de ti, me des señal de que tú has hablado conmigo. Te ruego que no te vayas de aquí hasta que vuelva a ti, y saque mi ofrenda y la ponga delante de ti. Y él respondió: Yo esperaré hasta que vuelvas» (Jueces 6:17-18). Gedeón fue y preparó la ofrenda. La bajó, y el ángel le dijo que la pusiera sobre la piedra. Y el ángel extendió su báculo sobre la ofrenda, y de la piedra salió fuego que consumió lo que había ofrecido. Entonces, el ángel desapareció de su vista.

¿Qué es lo primero que nos viene a la mente cuando pensamos en las señales que recibió Gedeón? El vellón. Pero la primera señal era realmente esta: acepta mi adoración. Si vamos a salir victoriosos de esta guerra, tenemos que saber que las batallas se ganan en la adoración, en la acción de gracias y en la conciencia de la presencia de Dios.

Cuando Gedeón se dio cuenta que se trataba de una verdadera visita angelical, dijo: «Ah, Señor Jehová, que he visto al ángel de Jehová cara a cara» (Jueces 6:22). El Señor le habló en el versículo 23 y le dijo: «Paz a ti». Los ángeles de Dios te saldrán al encuentro predominantemente con la palabra de paz: «No tengas temor». Gedeón recibió esta palabra de paz y construyó un altar a *Jehová shalom*, el Dios de paz. Él ofrece una paz perfecta a los que le temen.

Vellón húmedo, vellón seco

Gedeón es un aprendiz lento. Dios le habló y le dijo: «De acuerdo, te daré una señal», y salió fuego de la roca para consumir la ofrenda. ¿Acaso no fue una señal genial? Eso tenía que ser motivo suficiente para Gedeón. Ahora estaría seguro de que se trata de la visitación de Dios y de que nadie podría oponérsele. Pero no fue así, ¿verdad? Seguramente alguna vez hemos sido intransigentes como Gedeón y hemos necesitado más de una visitación. Parece que cada vez se hacía más fácil convencer a Gedeón, porque solo pidió un vellón mojado como segunda señal. Yo prefiero el fuego de una roca a un vellón mojado.

¿Por qué le dio Dios a Gedeón todas estas señales? ¿Era para que se le pusiera la piel de gallina y escribiera una historia sobre la visita de Dios? No. Dios lo estaba encaminando a destruir la idolatría, a derribar los lugares sagrados. Gedeón no se atrevió a hacerlo de día, pero lo hizo de noche. Al día siguiente, los líderes espirituales le preguntaron a Joás, el padre de Gedeón, por qué su hijo había derribado los ídolos y talado las imágenes. Su respuesta en el versículo 31 fue genial: «¿Contenderéis vosotros por Baal? ¿Defenderéis su causa? Cualquiera que contienda por él, que muera esta mañana. Si es un dios, contienda por sí mismo [...]». Les costó bastante encontrar una respuesta para refutar esto.

¿No nos alegra servir al Dios que lucha por sí mismo? El arca del pacto destruyó a los enemigos de Dios. Cuando fue colocada en el templo de Dagón, el pueblo tuvo que volver a apuntalar a su dios porque se cayó de bruces. Al día siguiente, volvió a caerse y se le rompieron las manos y la cabeza en el umbral. Los filisteos sufrieron plagas. Uza tocó el arca e inmediatamente fue herido de muerte a causa de la gloria y la santidad de Dios. El Señor está vivo y pelea por él mismo. Él no nos necesita, pero nos incluye para que los demás hombres puedan ver nuestras buenas obras y glorificar a nuestro Padre.

Ahora, los madianitas y los amalecitas se estaban agrupando. Una guerra estaba a punto de estallar, y Gedeón recibió la noticia de que iba a dirigir el ataque. Él seguramente pensó: «Está bien, Dios me visitó y me mostró la señal de fuego de una roca. Por eso, derribé los altares. Pero ahora está hablando de una guerra. ¿Cómo se supone que voy a luchar contra un ejército de guerreros? Creo que es hora de otra señal». Puede parecer fácil culpar a Gedeón, pero recordemos una cosa: no estaba lleno del Espíritu. Estas señales externas eran la única forma que tenían de guía. Nosotros tenemos el testimonio del Espíritu Santo dentro de nosotros, tenemos la Palabra más segura de la profecía. Pero acá está este hombre, Gedeón, que estaba pasando por esto por primera vez, así que démosle un poco de margen.

La tan mentada historia del vellón comienza en los versículos 36-37: «Y Gedeón le dice a Dios: Si has de salvar a Israel por mi mano, como has dicho, he aquí que yo pondré un vellón de lana en la era; y si el rocío estuviere en el vellón solamente, [...] entonces entenderé que salvarás a Israel por mi mano, como lo has dicho». A la mañana siguiente, todo está seco como palomitas de maíz, excepto el vellón. ¡Gloria a Dios! El Señor habló y lo confirmó, ¿verdad? Pero Gedeón dice: «No te enojes conmigo, Dios, pero ¿podemos revertir esto? Esta vez, que la tierra esté mojada y el vellón, seco». Se despierta a la mañana siguiente, y descubre que el vellón está seco después de haber pisado todo el rocío en el suelo.

Por supuesto, como somos tan espirituales no habríamos necesitado dos señales, ¿verdad? Siempre respondemos la primera vez que Dios habla. Ese viejo Samuel también era cabeza dura. No lo entendió hasta la tercera vez, cuando Elí le dice que responda: «Habla,

Jehová, que tu siervo oye». Estoy siendo sarcástico para demostrar que estas personas eran como nosotros.

Nunca he promovido el uso de revelaciones externas como formas de guía. Creo que, si somos creyentes llenos del Espíritu, es mejor contar con la dirección interna del Espíritu Santo confirmada por la Palabra de Dios. En el momento en que intentamos llevar las cosas al ámbito externo, existe una mayor posibilidad de engaño. Pero si, de hecho, declaraciones como las que hizo Gedeón salen sobrenaturalmente de nuestro boca, entonces dejemos que Dios las confirme.

Los planes de batalla de Dios

Y así, Dios respondió y animó el corazón de Gedeón, y Gedeón dijo: «De acuerdo, creo que esta es la voluntad de Dios. Vamos por ellos». Gedeón le contó el plan de Dios a los israelitas, y todos se apuntaron con entusiasmo. Pero, entonces, el Señor introdujo otro giro. «Y Jehová dijo a Gedeón: El pueblo que está contigo es mucho para que yo entregue a los madianitas en su mano, no sea que se alabe Israel contra mí, diciendo: Mi mano me ha salvado» (Jueces 7:2). El mejor lugar donde podemos encontrarnos es más allá de nuestra propia capacidad, donde sabemos que la victoria es solo de Dios.

¿Pasamos por pruebas que casi siempre parecen derrotarnos? ¿Hay pecados persistentes en nuestra vida? Tenemos victorias, y luego tenemos derrotas. Pero siempre parece que están ahí. Hemos sido liberados de otras cosas por la fe en el poder de Dios y su Palabra, pero esa área sigue siendo un desafío. Déjenme decir que no hay esperanza de liberación hasta que entendamos que no podemos alcanzar la victoria por nuestra propia fuerza. Cuando nos damos cuenta de eso, también podemos empezar a ver otras áreas donde hemos asumido el crédito por las victorias que son de Dios. Sin él, no podemos hacer nada. Cuando aceptamos nuestra propia debilidad, la fuerza de Dios se perfecciona en nosotros (2 Corintios 12:9).

Entonces, Dios le dijo que había demasiada gente. Él quería llevarlos más allá de sus fuerzas. Miremos Jueces 7:3: «Ahora, pues, haz pregonar en oídos del pueblo, diciendo: Quien tema y se estremezca, madrugue y devuélvase desde el monte de Galaad. Y se devolvieron de los del pueblo veintidós mil, y quedaron diez mil». Me he dado cuenta que realmente podemos dispersar a una multitud de esta manera. Señalar una tarea difícil y decir: «El que no quiera quedarse a trabajar puede irse a casa». Ellos ya no tenían ninguna oportunidad siendo treinta y dos mil, ¡imaginen ahora, que solo quedan diez mil para luchar contra tamaño poderío militar! Gedeón probablemente estaba pensando: «¡Oh, cielos, necesito otro vellón!».

En Jueces 7:4-7, Dios persiste en reducir las tropas de Gedeón. «Y Jehová dijo a Gedeón: Aún es mucho el pueblo; llévalos a las aguas, y allí te los probaré; y del que yo te diga: Vaya este contigo, irá contigo; mas de cualquiera que yo te diga: Este no vaya contigo, el tal no irá. Entonces llevó el pueblo a las aguas; y Jehová dijo a Gedeón: Cualquiera que lamiere las aguas con su lengua como lame el perro, a aquel pondrás aparte; asimismo a cualquiera que se doblare sobre sus rodillas para beber». Solo trescientos hombres de diez mil cumplían esos requisitos. Solo trescientos permanecieron en alerta y listos para la batalla. Y Dios dijo: «Esa es la clase de hombres que quiero llevar a la batalla». ¿Cómo estamos nosotros en cuanto a mantenernos con la armadura de Dios puesta? En esta guerra espiritual diaria, ¿estamos siendo sobrios y vigilantes, sabiendo que el diablo anda como león rugiente listo para devorarnos? Satanás te puede derribar cuando estés con la cabeza metida en medio del arroyo. Cada vez que buscamos un tiempo de bienestar y comodidad, le estamos dando lugar en nuestra alma al enemigo. Estemos atentos y oremos para que no entremos en tentación.

Gedeón envió al resto de los hombres a sus tiendas y se llevó a los trescientos hombres al campamento de los amalecitas y los madianitas. Esa noche, Dios le dijo a Gedeón (Jueces 7:9-11): «Levántate, y desciende al campamento; porque yo lo he entregado en tus manos. Y si tienes temor de descender, baja tú con Fura nuestro criado al campamento, y oirás lo que hablan; y entonces tus manos se esforzarán». Gedeón había tenido miedo de talar las imágenes, había tenido miedo de ir a la batalla antes de haber recibido las señales de los vellones, y, ahora, seguía teniendo miedo. Pero bajó al campamento, escuchó hablar del sueño, y Dios obtuvo una gran victoria para Israel.

El miedo es natural, pero subordinarse a él es incredulidad. La fe no siempre hace que desaparezca el miedo. Hace que obedezcamos a pesar de tener miedo. Mucha gente piensa: «Dios me dará fe, y entonces el miedo desaparecerá. Entonces podré ir a hacer esta cosa sin ninguna oposición ni temblor». Tendremos miedo allá afuera en la batalla. Es aterrador mantenernos firmes sobre las heridas y la sangre de Jesús en vez de hacer las cosas a la manera humanista o científica. Habrá momentos en los que diremos: «¿Qué estoy haciendo aquí afuera?». Tendremos tendencia a mirar el viento y las olas. Puede que incluso empecemos a hundirnos. Pero, amados, en ese momento de temor, solo clamemos: «¡Señor, ayúdame!». Y él inmediatamente extenderá su mano para sostenernos.

Conclusión

¿Siempre queremos que Dios nos haga una demostración? ¿Tenemos ese espíritu de Gedeón que quiere poner un vellón allá afuera, solo una vez más? «Moja el vellón. Haz que el vellón se seque. Haz que el vellón salte. Muéstrame tu presencia. Confirma tus palabras. Dame una señal. Dame dos señales. ¡Dame señales de neon!».

¿Somos frágiles, incrédulos y temerosos? No nos apresuremos a juzgar a Dios basándonos en nuestro propio carácter. Él nunca duerme ni se adormece como nosotros. No es egoísta ni despiadado como nosotros. Él no es débil, ni su poder es limitado. Él solo continúa revelando su amorosa bondad y tierna misericordia.

¿Cuál es nuestra esperanza? ¿Dónde está nuestra victoria? Debería estar en esto: «¿No te he enviado yo?». ¿Estamos ocupados en su obra y nos apoyamos en su poder? Lo diré otra vez: el mejor lugar donde podemos estar es más allá de nuestra propia capacidad.

Capítulo 12

Dios tiene un pez de nuestro tamaño

«El corazón del hombre piensa su camino; mas Jehová endereza sus pasos» (Proverbios 16:9).

«Fíate de Jehová de todo tu corazón, y no te apoyes en tu propia prudencia. Reconócelo en todos tus caminos, y él enderezará tus veredas» (Proverbios 3:5-6). Busquemos glorificarlo, busquemos descansar en la certeza de que Dios está ordenando nuestros pasos, que él nos puso donde estamos. ¿Sabemos manejar la tendencia de creer que cuando los tiempos son difíciles estamos fuera de la voluntad de Dios? Esa es la mentalidad pagana por excelencia. Los paganos creen que si las cosas van bien, su dios está contento con ellos, pero si las cosas van mal, su dios está enojado. Las Escrituras enseñan claramente lo contrario, pero el hombre caído siempre abrazará esa falsa ideología.

Cuando las cosas se ponen difíciles, ¿pensamos que de alguna manera le hemos fallado a Dios? Cuando las cosas se ponen difíciles, ¿sentimos que tal vez estamos fuera de la voluntad de Dios? ¿Creemos que quizás hemos pecado, que de alguna manera Dios nos está castigando o que, tal vez, él simplemente tiene un mal día y quiere desquitarse con nosotros?

Cómo percibimos al Padre y cómo entendemos la voluntad del Señor es importante. ¿Somos capaces de deleitarnos en el valle de sombra de muerte de la misma manera que nos deleitamos en los verdes pastos y en las aguas de reposo? ¿Comprendemos que el

Espíritu Santo es quien llevó a Jesús al desierto para ser tentado por el diablo (Mateo 4:1)?

Muchas veces, Dios es el autor de la adversidad, la aflicción y la presión que hay en nuestra vida. Las cosas se ponen difíciles en el trabajo, y queremos abandonar. Las cosas se ponen difíciles en el matrimonio, y queremos abandonar. Las cosas se ponen difíciles en la hermandad, y queremos irnos, para encontrar una iglesia donde nos «amen». Dios está dirigiendo nuestro camino. ¿Creemos que los pasos del hombre bueno son ordenados por el Señor? Entonces, ¿cómo podemos estar en otro lugar que no sea donde el Padre quiere que estemos?

Evidentemente, podemos tomar decisiones contrarias a la voluntad de Dios. El hecho de que nuestros pasos estén siendo ordenados no significa que todo lo que hagamos esté bien ni que todo lo que hagamos sea iniciado por Dios. Sin embargo, Dios obra todas las cosas para bien de los que le aman. Esta palabra «ordenados» significa ser enderezados. Así que, cuando nos desviamos del camino, Dios hará lo que sea necesario para enderezarnos.

Él nos enderezará

Jonás hizo todo exactamente al revés de lo que Dios le decía. El gran pez se lo tragó y lo condujo hacia la perfecta voluntad de Dios. ¿Tenemos hoy la suficiente confianza en el Padre como para creer que él nos pondrá en el camino correcto? Algunos de nosotros en este momento estamos un poco ansiosos porque acabamos de salir del vómito. No es nada agradable ser escupidos en la playa ni estar blanqueados por la acidez del estómago, con algas envueltas alrededor de nuestro cuello, vomitados sobre la arena y enviados a hacer la voluntad de Dios. No es fácil apartarse de Dios.

«El corazón del hombre piensa su camino; mas Jehová endereza sus pasos» (Proverbios 16:9). ¿Podemos decir «Alabado sea Dios» por eso? La palabra «enderezar» es de vital importancia. ¿Comprendemos lo que eso nos dice? No todos los pasos van a ser correctos, pero Dios los enderezará si somos hombres conformes a su corazón.

«Por Jehová son ordenados los pasos del hombre [bueno], y él aprueba su camino» (Salmos 37:23). La palabra «bueno» inserta en el texto original, no alude tanto a «moralmente correcto y recto», sino que se refiere a «un héroe u hombre valiente». «Los pasos del hombre valiente son ordenados por Jehová». Es decir, el versículo habla de un campeón de Dios, de los que tienen una intención, como Pablo, quien se entregó plenamente para alcanzar el «premio del supremo llamamiento de Dios en Cristo Jesús» (Filipenses 3:14). Esas son las personas que verán sus pasos afirmados por Dios. Tengamos confianza en la soberanía de Dios. A medida que caminamos y tomamos decisiones, no debemos tener miedo acerca de cada paso específico que tomamos, porque si tenemos la intención de hacer la voluntad de Dios, él nos enderezará.

Ahora, ¿cómo lo hará? No lo sé. Las Escrituras señalan muchas maneras diferentes en que Dios pone a la gente en el camino correcto. Yo no sé cómo Dios va a visitarnos y encaminarnos. Pero lo que necesitamos saber en nuestro corazón es que Dios nos enderezará. El Señor nos pondrá en la senda correcta en esta búsqueda. Trazamos nuestros caminos creyendo que lo que estamos haciendo es la voluntad de Dios, pero teniendo absoluta confianza en que el Señor dirigirá nuestros pasos y los enderezará.

Si es así, la humildad es muy importante. Tenemos que estar abiertos a Dios para aceptar que tal vez nuestras decisiones no son infalibles. Muchos de nosotros decimos que hemos oído a Dios.

Empezamos en una dirección y, por orgullo, no nos atrevemos a decir que no todo lo que estamos haciendo es de Dios, porque él nos reveló dar un paso a la izquierda, y no lo hicimos. Pensamos que si de verdad admitimos que le fallamos a Dios, nuestros hijos y nuestra esposa van a desconfiar de nosotros. Quiero decir algo: «Yo confío en alguien que puede decir que estaba equivocado, porque no conozco a nadie que tenga razón todo el tiempo». Ahora bien, no queremos decir que cada decisión fue equivocada, que pasamos a Dios por alto cada vez. Pero si él nos va a enderezar, ¿qué implica eso? En nuestra toma de decisiones nos desviaremos del camino, pero él enderezará nuestro camino.

Puede que nos sintamos un poco incómodos, preguntándonos si eso es carnalidad o pasar por alto a Dios. Pero hay buenas noticias en la historia de Jonás, ¿verdad? Jonás hizo todo mal y, aun así, llegó a donde Dios quería. ¿Nos da eso seguridad? ¿Somos igual de tontos que Jonás? El hombre este hizo todo mal. Actuó totalmente en la carne. Estaba en oposición directa a Dios. Se compró un billete para ir exactamente en la dirección opuesta a la que Dios le dijo que fuera. ¡Vaya dirección de guía divina! «Señor, ¿qué quieres que haga?». El Señor habló «Ve a Nínive». «Yo voy a Tarsis. Esa gente de Nínive me despellejará». Literalmente, así torturaban a sus enemigos: los desollaban vivos. ¿Cuántos de nosotros pensamos que podríamos ir a Tarsis también? «Voy a Tarsis. Escuché lo que Dios dijo, pero te diré una cosa, bendito sea Dios, he intentado ayudar a esa gente. Son tan testarudos, Dios mío, no quieren oír el evangelio. Solo déjalos morir».

Estoy seguro de que no nos consideramos tan duros de corazón, pero detengámonos y echemos un vistazo a nuestra vida. ¿Nos encontramos yendo en la dirección opuesta a la que deberíamos ir, no solo uno o dos pasos, sino desafiando a Dios, rechazando el consejo, yendo a Tarsis? Tengo buenas noticias para todos nosotros: Dios tiene un pez justo de nuestro tamaño. No sé qué es lo que nos tragará, pero puedo garantizar que tendrá algo que ver con derribar los ídolos de nuestra vida.

No sé qué tipo de pez va a ser, pero tratará con nuestra voluntad. Tratará con los ídolos en nuestra vida. Tratará con las pequeñas zorras que, al final, comienzan a destruir la vid; esas cosas que al principio no vemos —los afanes del mundo, el engaño de las riquezas y los deseos de las cosas—, pero que luego empiezan a ahogar la Palabra de Dios en nuestra vida, y Dios tiene que liberarnos. ¿No nos alegra saber que él vendrá a liberarnos? Cueste lo que cueste, él nos pondrá de nuevo en el camino. Jonás hizo todo mal, y Dios lo escupió directamente en el centro de su voluntad, y logró llamar su atención. «El corazón del hombre piensa su camino; mas Jehová endereza sus pasos» (Proverbios 16:9). Él nos enderezará. El que ha comenzado la buena obra en nosotros la va a terminar, ¡alabado sea Dios! Él guardará lo que hemos puesto en sus manos hasta aquel día. La dirección llega.

Proverbios 20:24 dice: «De Jehová son los pasos del hombre; ¿cómo, pues, entenderá el hombre su camino?». No nos debemos apoyar en nuestro propio entendimiento. Muchas veces nuestros caminos están siendo dirigidos por el Señor y nosotros no lo entendemos. Al igual que Abraham, vamos sin saber a dónde vamos. La mayoría de la gente piensa que recibir la guía es saber lo que está pasando, pero no es así. La guía consiste en avanzar. La guía es obedecer. ¿Cómo podemos saberlo? No entendemos mucho de lo que Dios está haciendo. Si entendemos todo el plan, probablemente sea nuestro propio plan. ¿Cómo puede un hombre conocer los caminos del Señor? Sus caminos son más altos que nuestros caminos. No vamos a ser capaces de comprender. No vamos a saber captar todos los matices sutiles que suceden. No sabemos por qué sucedió algo, por qué dijimos o elegimos hacer ciertas cosas. No lo entendemos. Solo sabemos que estamos en el camino de Dios. ¿Cómo lo sabemos? Porque él continuamente nos pone en el camino correcto, y esa es la confianza que tenemos en él.

Guiados por la fe

Por lo tanto, la guía espiritual (esto parecerá una obviedad) tiene que estar únicamente en el ámbito de la fe. La mayoría de la gente se jacta de tener fe, pero en realidad no les gusta. No se sienten cómodos caminando por fe, y en su lugar prefieren caminar por vista. Es muy poco natural, pero sin fe, es imposible agradar a Dios. Es imposible estar en el curso que Dios quiere para nuestra vida sin caminar por fe.

No vamos a entender todo lo que está ocurriendo en nuestra vida mientras el Espíritu nos está guiando. Caminemos por fe, y no por vista. Entonces, ¿en qué tenemos confianza? En el Señor, nuestro Pastor. Estamos conduciendo por la autopista y vamos buscando la voluntad del Señor. Tal vez nos preguntemos dónde nos detendremos a pasar la noche. Les diré dónde: en verdes pastos. Digamos: «¡Aleluya!». Vamos a permanecer junto a aguas de reposo. Diremos: «¡Gloria a Dios!». Vamos a permanecer en el valle de sombra de muerte. Diremos: «¿Quién dijo eso?». Qué importa dónde estemos si el Señor está con nosotros; ¿amén? Él dirige nuestro camino. «El Señor es mi Pastor».

Debemos descansar en la soberanía de Dios y comprender que todas las cosas obran para bien de los que aman a Dios y son llamados conforme a su propósito. Si no logramos entender esto, no estamos actuando con fe. Es sumamente importante para nosotros entender estos principios y comenzar a tener confianza en nuestro Padre celestial, saber que donde nos encontramos hoy es en la perfecta voluntad de Dios. Puede que pensemos que no puede ser la perfecta voluntad de Dios porque aún tenemos vicios o apetitos carnales en nuestra vida. Imaginamos que esta no puede ser la perfecta voluntad de Dios, pero esta es la perfecta voluntad de Dios para nosotros, justo donde nos encontramos hoy. Tal vez pensemos que deberíamos estar orando más, estudiando más, y que ya deberíamos haber memorizado el Nuevo Testamento. ¿Puedo plantear una pregunta? ¿Quién nos puso bajo ese estándar? ¿Cuál es la motivación? ¿Es orgullo? ¿Son las obras? Memorizar el Nuevo Testamento es algo muy bueno, pero obedecerlo es mejor, ¿amén? Memorizar es algo que se puede hacer en lo natural. Obedecer es algo que solo podemos hacer en el Espíritu. ¿En qué tenemos confianza? ¿En las cosas que podemos hacer o en las cosas que Dios está haciendo?

Otra afirmación en este sentido puede encontrarse en Proverbios 19:17-18, 20-21a: «El que guarda el mandamiento guarda su alma; [obediencia, la palabra más segura] mas el que menosprecia sus caminos [en última instancia y rechaza el consejo de Dios] morirá. A Jehová presta el que da al pobre; y el bien que ha hecho, se lo volverá a pagar. Castiga a tu hijo en tanto que hay esperanza; mas no se apresure tu alma para destruirlo [...]. Escucha el consejo, y recibe la corrección, para que seas sabio en tu vejez. Muchos pensamientos hay en el corazón del hombre [...]». La palabra «pensamientos» en hebreo significa «proyectos». ¿Se entiende lo que estoy diciendo? ¿Tenemos un proyecto en mente? Tenemos una meta que queremos lograr en el trabajo, una posición que deseamos obtener. Hay un cierto estatus que queremos alcanzar en la sociedad. Tal vez miremos a nuestro alrededor y veamos a personas que disfrutan de una abundancia natural, bienestar y comodidad. Esto es lo que hay dentro del corazón del hombre.

«Mas el consejo de Jehová permanecerá» (Proverbios 19:21b). No salgamos, montemos nuestros propios proyectos y tratemos de ponerle el nombre de Dios. Jesús no es nuestro copiloto: Él es el Señor. ¿Acaso no conocemos a personas que dicen: «Jesús es mi copiloto» o «Yo y el gran Tipo de arriba»? ¿Quiénes se creen que son? Hay personas que se acercan a Dios con tanta vulgaridad. Quiero que entendamos que los hombres que mejor lo conocieron, cuando apenas vislumbraron su gloria, cayeron a sus pies como muertos. Mucha gente no está recibiendo la guía hoy en día debido a la familiaridad superficial en la relación que tienen con Dios. Ellos piensan que Dios va a venir y asociarse con ellos y bendecirlos, que él está obligado por ciertas promesas del pacto. Ellos piensan que Dios está obligado a hacer lo que ellos esperan que haga. Quiero decir algo: «Dios está obligado a ser quien es, y nada más».

Conclusión

Es muy importante que entendamos que nuestro camino debe estar en completa dependencia de la soberanía de Dios. Nosotros no establecemos un curso que Dios luego viene a aprobar solo porque decimos «En el nombre de Jesús». Podemos estar ideando ciertas cosas en nuestro propio corazón, pero Dios, finalmente, nos pondrá en el camino donde él pueda usarnos para buscar y salvar a aquellos que están perdidos. Por eso estamos aquí. Podemos recurrir al poder de Dios para continuar dando libremente las buenas nuevas que recibimos gratuitamente.

Muchas personas desean experimentar el privilegio de «invocar a Dios». Comienzan un proyecto y luego lo llaman para que participe en su ministerio. Por lo tanto, estos pasajes concernientes a la soberanía deben ser el cimiento antes de que podamos tener una guía bíblica y espiritual apropiada. Si estamos bajo la idea errónea de que de alguna manera Dios va a respaldar nuestras actividades, que de alguna manera podemos llegar a ser tan espirituales que todo lo que hagamos es de Dios, entonces nunca conoceremos realmente su visitación. Pero si nos humillamos, aunque externamente todo parezca un caos, él llevará a Jonás a donde él necesita que esté, ¡alabado sea Dios! Jonás es como el hombre que dijo que no iría, y luego se arrepintió y fue, a diferencia de aquellos que siempre dicen que harán lo que el Señor diga, y luego no lo hacen. Debemos conocer nuestro corazón. Debemos conocer las tendencias que hay en el hombre. Lucharemos contra nuestra propia voluntad y orgullo todos los días. Cuando entendamos qué pasa dentro de nosotros, vamos a ser capaces de humillarnos para poder escuchar con más claridad al Padre.

Capítulo 13

Guiados por la adversidad

«Pero gran ganancia es la piedad acompañada de contentamiento» (1 Timoteo 6:6).

El mayor obstáculo para ser guiados es nuestra falta de satisfacción. Si estamos descontentos, siempre nos sentiremos guiados hacia otro lugar. Si no estamos en paz, entonces siempre asumiremos que alguna otra dirección o conjunto de circunstancias debe ser la voluntad de Dios. Esa falta de contentamiento, ese malestar, hará que nuestra carne se aliste y busque otra cosa en lugar de quedarse donde Dios nos puso. Descansemos en la presencia de Dios y seamos perfeccionados por su voluntad. Esta disposición cambiará nuestra vida. Éxodo 33:14 dice: «Y él [el Señor] dijo: Mi presencia irá contigo, y te daré descanso». ¿Qué acompaña a la presencia de Dios? El descanso, la paz y la satisfacción. Las Escrituras dicen: «Pero gran ganancia es la piedad acompañada de contentamiento». Dios quiere llevarnos a una vida de contentamiento.

Como la mayoría de los pecados, el descontento se origina en el orgullo y el egoísmo. La carne supone que merece algo mejor o algo más. Supone que debería tener una vida sin los conflictos naturales que todos los demás atraviesan. ¿Por qué? Porque nos valoramos más de lo que debiéramos. Nuestro orgullo y voluntad siempre están buscando los proverbiales pastos más verdes, pero nosotros tenemos la promesa de que el Señor nos guiará a pastos verdes, ¿amén? Por lo tanto, el descontento es simplemente no creer en Dios, es una falta de aceptación de la paternidad de Dios, es negar que nuestro Padre cuida de nosotros. Nuestro Padre es el dador de todo don bueno y perfecto, y a él le place darnos el reino. Cuando hay descontento en nuestro corazón, juzgamos a Dios como un padre deficiente.

Lo primero que suelen hacer los cristianos cuando llega la presión es orar para saber si ese es el lugar donde Dios quiere que estén o no. «No sé si es aquí donde Dios me quiere. Señor, ¿es tiempo de que me marche?». Dios nos dirige a través de esas cosas. ¿Sabías que hay más evidencia en las Escrituras de que Pablo fue dirigido con precisión gracias a las adversidades, y no por voces? Recibió más la dirección de Dios al ser apedreado, golpeado, naufragar, ser malinterpretado, expulsado de la ciudad o al huir por su propia vida, que a través de Dios diciendo «Ve del punto A al punto B». ¿Vamos a confiar en el Señor con todo nuestro corazón y no depender de nuestro propio entendimiento? «Simplemente no sé por qué está sucediendo esto». Está sucediendo porque es la voluntad de Dios. «No puede ser la voluntad de Dios; es malo». Él obra todas las cosas para bien (un propósito eterno, nuestra madurez espiritual, la salvación de nuestra alma, el testimonio de fidelidad a Dios) para aquellos que le aman y guardan sus mandamientos. No nos apoyemos en nuestro propio entendimiento. ¿Realmente vamos a tratar, con nuestro entendimiento finito, de desentrañar los propósitos eternos de todo lo que está sucediendo en nuestra vida? «¿Por qué sucedió esto?» No lo sabemos. La dirección de Dios en nuestra vida es algo que no siempre comprenderemos, pero debemos confiar en el Señor. No siempre necesitamos tener una explicación. Solo debemos saber que los pasos del hombre bueno son ordenados por el Señor.

Él oyó, nosotros seguimos

Para buscar un buen ejemplo de esto en la vida de Pablo, analicemos Hechos 16. Dios no siempre nos revela los detalles del viaje al que nos va a llevar, ¿verdad? En el versículo 6, las Escrituras dicen que Pablo y el equipo misionero trataron de ir a Asia, pero que «les fue prohibido por el Espíritu Santo». Entonces, ellos «intentaron ir», versículo 7, aún más. Se habían propuesto ir e hicieron todos los preparativos posibles: «Pero el Espíritu no se lo permitió». Les dijo: «No voy a permitir que vayan allá». En medio de todo eso, Pablo tiene la visión del hombre macedonio, y todo el equipo misionero comentó lo siguiente en el versículo 10: «Cuando vio la visión, en seguida procuramos partir para Macedonia, dando por cierto que Dios nos llamaba para que les anunciásemos el evangelio». Pablo tuvo una visión, y todos los hombres del grupo sabían que Dios había hablado. Dios les habló a través de Pablo, el líder, no a cada individuo personalmente.

Parten de Troas, y navegan hacia la bahía en Macedonia, plenamente seguros de estar cumpliendo la voluntad de Dios. Entonces una doncella comienza a seguirlos exclamando: «¡Estos hombres son siervos del Dios Altísimo que nos muestran el camino de la salvación!». Sin embargo, no había paz en sus corazones. Entonces, Pablo expulsa a este espíritu de adivinación de la muchacha. Por supuesto, eso pone un freno a las ganancias de los amos de la chica, quienes denuncian a Pablo y al equipo, por lo que los encarcelan.

Los versículos 23-24 indican que «después de haberles azotado mucho, los echaron en la cárcel, mandando al carcelero que los guardase con seguridad. El cual, recibido este mandato, los metió en el calabozo de más adentro, y les aseguró los pies en el cepo». Así que ahí estaban, golpeados, sangrando y encadenados en la prisión más profunda a medianoche. Y Pablo, el que había tenido la visión, dice: «¡Adoremos al Señor!». ¿Y qué hay de todos los otros que estaban seguros de que habían sido llamados a predicar el evangelio? Ninguno de ellos recibió una visión personal, pero fueron golpeados al igual que Pablo. Estaban en la misma prisión. ¿Comprendemos que, aún golpeados, sangrando y encadenados, ellos estaban cumpliendo la voluntad de Dios? Fueron llamados a esa prisión en ese momento para predicar el evangelio.

Miremos lo que dicen las Escrituras en el versículo 10. «[Estábamos] dando por cierto que Dios nos llamaba para que les anunciásemos el evangelio». Si fuéramos nosotros, estaríamos diciendo: «Yo estaba pensando más bien en el salón de baile del Hyatt Regency, tal vez alquilando un estadio y teniendo un poco de cobertura televisiva. No sabía que querías que fuéramos, como un preso más, a predicarle al jefe de la prisión». ¿Cierto? Pero ellos tenían la certeza de que Dios los había llamado a predicar. Me pregunto si no estaban empezando a tambalearse un poco. ¿Cómo percibimos la voluntad de Dios? ¿Nuestro Dios solo nos envía situaciones ideales o creemos que nuestro Dios hará lo que sea necesario para llegar a la familia del carcelero de Filipos? ¿Qué clase de dios ha creado el mundo actual, y quién es el Dios al que servimos?

Pasemos al versículo 25: «Pero a medianoche, orando Pablo y Silas, cantaban himnos a Dios; y los presos los oían». ¿Cómo podrían esos prisioneros haber escuchado la genuina adoración a Dios de un Pablo y un Silas golpeados y encarcelados, a menos que el Señor hubiera ordenado sus pasos? ¿Qué oyen de nosotros los presos de nuestro trabajo (nuestro compañero o nuestro jefe) cuando la vida es dura y las circunstancias son injustas? ¿Renunciamos o cantamos alabanzas? ¿Tenemos una paz perfecta en medio de la adversidad? ¿Podemos cantar alabanzas a Dios a medianoche, en el momento más oscuro de nuestra vida, cuando estamos aislados y todo está oscuro? ¿Podemos descansar sabiendo que nuestros pasos han sido ordenados por el Señor, o hay demasiado orgullo, descontento e ingratitud en nuestra vida que exige una salida? «Esta no puede ser la voluntad de Dios. Yo determino que esta no es la voluntad de Dios, porque no me gusta estar aquí. No estoy cómodo aquí. No tengo paz». Entonces estamos diciendo que la presencia de Dios no está allí, porque en su presencia hay paz. Examinemos nuestro propio corazón. ¿Cómo respondemos a las pruebas? ¿Cómo respondemos a las adversidades? Las cosas pueden ser difíciles y puede parecer que las cosas siempre van a salir mal. ¿Creemos que todo saldrá bien? ¿Podemos humillarnos bajo la poderosa mano de Dios y, a su debido tiempo, dejar que él nos exalte?

Entonces, ¿qué sucedió después del culto de medianoche? El versículo 26 dice: «Entonces sobrevino de repente un gran terremoto, de tal manera que los cimientos de la cárcel se sacudían; y al instante se abrieron todas las puertas, y las cadenas de todos se soltaron». ¡Alabado sea Dios! Dios ha creado una vía de escape. ¡Aquí está! Nosotros, ¿ya habríamos llegado al océano? Pablo tuvo todas las oportunidades para irse, pero ¿qué hizo? Se quedó. El carcelero entra apresuradamente y ve lo que había sucedido. Sabe la acusación que enfrenta. Esta era una colonia de Roma. La consecuencia de perder a sus prisioneros era la muerte, así que iba a suicidarse. «Mas Pablo clamó a gran voz, diciendo: No te hagas ningún mal, pues todos estamos aquí. Él entonces, pidiendo luz, se precipitó adentro, y temblando, se postró a los pies de Pablo y de Silas; y sacándolos, les dijo: Señores, ¿qué debo hacer para ser [capaz de cantar alabanzas a medianoche? ¿Qué puedo hacer para conocer a un Dios que hará temblar las puertas de la cárcel?] salvo?» (Hechos 16:28-30).

«Ellos dijeron: Cree en el Señor Jesucristo, y serás salvo, tú y tu casa. Y le hablaron la palabra del Señor a él y a todos los que estaban en su casa» (Hechos 16:31-32). ¿Nos deleitamos en el camino del Señor? «Jehová es mi pastor; nada me faltará» (Salmos 23:1). Nunca hay carencias. Todo lo que necesitamos se nos proporciona. La gracia es suficiente en medio de la adversidad. ¿Estoy diciendo que los azotes no les hicieron daño? No, Dios no quitó sobrenaturalmente todo el dolor. Les dolió, sangraron, pudieron haber gritado de dolor como todos los demás. Pero la gracia de Dios es suficiente para nosotros. Pablo buscó al Señor para que lo librara de la aflicción. Jesús estaba en agonía y oró fervientemente. ¿Estamos cumpliendo la voluntad de Dios hoy? ¿Es aquí donde Dios nos quiere? Debemos tener fe. Debemos entender su propósito divino o vamos a claudicar. Porque la mente carnal (la mente que tiene que ser capaz de descifrar todo y ya ha determinado la voluntad de Dios para nuestra vida) es muerte. Pero tener una mente espiritual nos dará paz en cualquier circunstancia de la vida.

Confianza en el Señor

«Fíate de Jehová de todo tu corazón, y no te apoyes en tu propia prudencia». ¿Vemos el contraste que se señala aquí? En el momento en que empezamos a apoyarnos en nuestro propio entendimiento, no estamos confiando en el Señor. Apoyarnos en nuestro propio entendimiento no es solo idear nuestros propios métodos, es también la frustración en nuestra vida porque pensamos que Dios no está ordenando nuestros pasos adecuadamente. «Estoy realmente disgustado aquí cumpliendo la voluntad de Dios». ¿Con qué estamos molestos: con las circunstancias o con aquel que nos puso allí? «No estoy disgustado con Dios. Solo estoy molesto con las circunstancias». ¿Quién fue el autor de las circunstancias? Dios. ¿Acaso no será que Dios sabía lo que iba a pasar? ¿Acaso no estamos ahí por una razón? ¿Acaso no será que tal vez él está tratando de revelarnos algo? Esas circunstancias están sucediendo por un propósito eterno.

¿Cuánto tiempo pasamos frustrados tratando de entenderlo todo? El Señor es bueno. Él obra todas las cosas para el bien de aquellos que lo aman y son llamados de acuerdo con su propósito. «Esto apesta, pero Dios es bueno. El Señor es mi Pastor. Nada me falta. Las cosas no se ven muy bien ahora, pero no he pasado hambre, alabado sea Dios. No he visto a los justos desamparados ni a su descendencia mendigando pan. El Señor es bueno». ¿Dónde estamos, realmente, en nuestra confianza en Dios? En la adversidad, ¿empezamos a preguntarnos adónde se fue Dios, en lugar de darnos cuenta de que es él quien nos colocó allí? «Entonces, fue Dios quien me puso allí o fue mi estúpida decisión?». Sí. Porque los pasos del hombre bueno, ¿qué son?, son ordenados por el Señor. Sé que estoy dedicando mucho tiempo a ese principio, pero estoy tratando de que veamos que es una guía divina. Estoy tratando de que nos despojemos de nuestro propio entendimiento. Estoy tratando de que entendamos que Dios nos está guiando, aunque no lo entendamos, no estemos de acuerdo o no nos guste.

¿Decimos que el Señor es nuestro Pastor? Entonces que alguien me diga cuándo las ovejas se reúnen y votan. ¿Hay un sindicato de ovejas? «Hemos caminado durante quince minutos. Ahora necesitamos diez minutos de sombra, gracias. ¿Es esta una zona libre de lobos? No podemos quedarnos en ningún sitio donde haya lobos. Tenemos que hacer algo con estas rocas. Fluffy ya no me deja usarla como almohada. ¿Puedo hablarte de esas cabras?». El Señor es mi Pastor.

Confiemos en el Señor de todo corazón. Eliminemos nuestro propio entendimiento. En todos nuestros caminos, los buenos y los malos, reconozcamos a Dios como nuestro Pastor. No es solo nuestro Dios. Es el Dios que se preocupa. Es un Padre celestial amoroso. Es el Pastor que nunca nos deja ni nos abandona. El Señor guio a los israelitas en el desierto para probar lo que había en sus corazones. Gran parte de la guía divina es solo una forma de hacernos más fuertes. A veces es para revelar nuestra carnalidad. ¿En qué está Dios dispuesto a invertir para revelar nuestra carnalidad? ¿Está Dios dispuesto a gastar cien mil dólares para enseñarnos algo? Decimos: «No me importa que él gaste cien mil dólares de su dinero, pero no del mío». Ese es el problema: no es nuestro. Haré la pregunta de nuevo. ¿Está Dios dispuesto a gastar cien mil dólares para enseñarnos algo sobre nuestra carnalidad? No significa nada para él, todo es suyo. El ganado en mil colinas es suyo. Si él tuviera una necesidad, no nos lo pediría. Tal vez necesitemos tener otra perspectiva de lo que es importante. «¿Cien mil dólares solo para revelar un pequeño defecto en mi vida? No lo entiendo, no». Sus caminos son más altos que nuestros caminos.

Tomemos nuestras agendas personales y oremos como hizo Jesús en el huerto: «Padre, si quieres, pasa de mí esta copa [sácame de esta prueba. Aquí está mi preferencia de lo que me gustaría ver en mi vida y en la vida de mis hijos, pero lo más importante]; pero no se haga mi voluntad, sino la tuya». ¿Podemos orar eso? Nunca podremos orar con fe que «no se haga mi voluntad, sino la tuya» hasta que entendamos claramente la soberanía de Dios. Y debemos orar, no solo con fe, sino también con una verdadera expectativa de la justicia y la misericordia de Dios.

Cuando se trata de guía personal, no podemos descansar en nuestro entendimiento, nuestra fuerza, nuestro plan de ahorro para la jubilación, el gobierno o nuestro trabajo. Si confiamos en esas cosas, hemos olvidado lo que muy probablemente fue una de nuestras primeras oraciones. «Jehová es mi pastor; nada me faltará» (Salmos 23:1). ¿Todavía creemos eso? Si no es así, siempre recurriremos al plan B y al plan C. Pero la realidad es esta: el Señor es nuestro pastor. ¡Alabado sea Dios! Él nos está guiando por caminos de justicia por amor a su nombre. Ciertamente hay bondad y misericordia al alcance para nosotros mientras nos preparamos para habitar en la casa del Señor para siempre. Solo debemos tener fe y seguridad en la soberanía de Dios, en su propósito de obrar para nuestro bien todos los días de nuestra vida.

Los pasos del hombre bueno son ordenados por el Señor, podemos descansar en eso. Estamos en la voluntad de Dios. Y si empezamos a corrernos de la voluntad de Dios, él enderezará nuestro rumbo. Dios, de manera soberana y sobrenatural, nos lo hará notar a través de un testimonio interior, un consejero o la Palabra de Dios. Estamos en su voluntad si estamos en una relación correcta ante él. No necesitamos constantemente expresar: «Tengo miedo de desviarme de la voluntad de Dios. Oh, Dios, necesito conocer tu voluntad».

Cuando estamos obsesionados con cada detalle de la voluntad de Dios, vivimos con temor, y no con fe, y no comprendemos el perfecto amor de Dios porque su amor echa fuera todo temor. ¡Nuestro Padre se preocupa por nosotros! No tenemos que vivir con miedo. Si damos un paso equivocado, no va a arruinar las cosas de por vida. ¿No nos alegra que Dios es soberano y omnipotente? Su propósito para nuestra vida no queda anulado por alguna de nuestras decisiones tontas. Dios siempre hará lo correcto si tenemos un corazón que se alinea con la voluntad de Dios.

¿Se puede deambular en la fe? El Señor guio a los hijos de Israel en el desierto, y, a veces, parecía que Dios no estaba presente. Una cosa de la que tenemos que darnos cuenta es que, muchas veces, la guía de Dios en el desierto es él permitiéndonos deambular para probar de qué estamos hechos. ¿Podemos deambular con la seguridad de que él nunca nos dejará ni nos abandonará? ¿Tenemos la confianza que él nos sacó de un lugar para llevarnos a uno mejor? ¿Creemos con todo nuestro corazón que no hay poder que pueda frustrar los propósitos eternos de Dios? Entonces descansemos en el Señor nuestro Pastor. Él nos hará descansar en verdes pastos. Él nos guiará junto a aguas de reposo. En el viaje de la vida, él refrescará y restaurará nuestra alma. Cada vez que la ansiedad se presente en nuestra vida, hemos perdido la confianza en el Señor, nuestro Pastor.

Nuestra actitud principal debe ser siempre: «Pero no se haga mi voluntad, sino la tuya» (Lucas 22:42). Si vamos a ser guiados por el Espíritu de Dios, entonces haremos muchas cosas que no queremos hacer. He descubierto que a mi carne no le gustan muchas de las maneras en que el Espíritu Santo guía. Hebreos 5:8 dice que el Capitán de nuestra salvación aprendió de qué trata la obediencia como consecuencia de las cosas que sufrió. El Espíritu llevó a Jesús al desierto para ser tentado por Satanás. ¿Cómo responderíamos nosotros a eso? «Bueno, yo no tenía eso en mente. Pensé que me ibas a guiar a un lugar cómodo y lujoso. Estoy más interesado en el ministerio de las aguas de reposo, no en el valle de sombra de muerte, gracias». Pero el Señor nos guía en ambas situaciones, ¿no es así? ¿No nos alegran las aguas de reposo y los verdes pastos? Seríamos tontos si optásemos por el valle de sombra de muerte. No digo que pidamos: «Oh, Señor, envíame más pruebas. ¡Gloria!». Me gusta caminar en la luz. Me gusta estar ahí fuera bajo el sol. Me gustan las cosas agradables y fáciles. Me gusta relajarme. ¿Acaso Dios no es maravilloso? Sin embargo, esto no es todo lo que significa ser guiados por el Espíritu.

Este caminar en el Espíritu no significa saltar de una cima a otra. Nos vamos a engañar si decimos: «Debe ser el Espíritu de Dios porque todo está bien. Estoy físicamente sano y tengo riquezas. Soy bien conocido en la sociedad. Debe ser porque el Espíritu me está guiando. Debo estar haciendo la voluntad de Dios». Cuando Jesús fue tentado en el desierto, el diablo le dijo: «Haré que todo te salga bien. Te daré todos los reinos y la gloria de los hombres. Todo lo que tienes que hacer es inclinarte y adorarme. Todo lo que tienes que hacer es negarte a dejar que el Espíritu Santo, que te trajo hasta aquí, continúe guiándote por más tiempo. Decídete a hacer las cosas a mi manera, y yo te haré la vida fácil». ¿Alguna vez nos hemos preguntado por qué los pecadores la tienen tan fácil? ¿Alguna vez nos ha molestado eso? Ellos traicionaron sus principios. Quiero decir algo: «El Señor no retarda su promesa, según algunos la tienen por tardanza» (2 Pedro 3:9). Se aproxima el día del juicio; para esto nos está preparando nuestro Padre.

No me malinterpreten. Creo que Dios quiere que seamos sanos, y creo que Dios quiere que seamos bendecidos. Creo en todas esas cosas. En lo que difiero con la gente a través de los años es en que no creo que la vida (esta vida victoriosa a la que Dios nos ha llamado) vaya a ser una vida sin adversidades, porque de lo contrario no se formaría el carácter en nosotros. Si el Capitán de nuestra salvación tuvo que aprender obediencia por medio de las cosas que padeció, entonces nosotros también vamos a tener que pasar por pruebas de resistencia, ¿amén? ¿Sentimos que solo estamos aguantando? Todos pasamos por esos momentos. La buena noticia es que aquel que nos condujo hasta allí nos sacará si aprendemos algo. No nos va a sacar porque chillemos: «Oh, Dios, ¡líbrame!». Eso no va a suceder. Él nos llevó allí para que pudiéramos ser purgados y purificados, para que el fuego pudiera quemar los grilletes. Sadrac, Mesac y Abednego fueron protegidos por Dios debido a su obediencia. ¡Ellos entraron en el horno! Puede que nosotros no queramos, pero si no entramos en los hornos de la vida, los grilletes nunca serán quemados.

Cuando estamos caminando en la relación correcta ante Dios, pueden venir tiempos difíciles. Los afanes de este mundo, que están ahogando lentamente la Palabra de Dios que está en nosotros, serán quemados cuando vengan las tentaciones, las dificultades y las pruebas. Entonces podremos salir libres, ¡alabado sea Dios! Saldremos sin olor a humo en nuestras prendas. Todos los que nos arrojaron están muertos. Esta es la Palabra del Señor. Así es como funciona.

Conclusión

Tomemos un tiempo para preguntarnos: «¿Siento realmente la alegría del Señor? ¿Puedo decir que ahora mismo estoy contento?». «Pero gran ganancia es la piedad acompañada de contentamiento» (1 Timoteo 6:6). Esta es la voluntad de Dios para nosotros: el contentamiento piadoso. Cuando estamos alegres, podemos encontrar la voluntad de Dios sin prejuicios, nociones preconcebidas o pensamientos egocéntricos. Solo nos van a satisfacer la presencia de Dios, la voluntad de Dios y la obediencia al Espíritu de Dios.

«Estad siempre gozosos. Orad sin cesar» (1 Tesalonicenses 5:16-17). ¿No es interesante cómo encajan esas dos cosas? Hablemos de las promesas de Dios en cualquier situación que estemos enfrentando. Oremos: «No se haga mi voluntad, sino la tuya. Te doy gracias que los pasos del hombre bueno son ordenados por el Señor. Padre, parece que hay daño en ciernes. Por eso, me alegro de que ningún arma forjada contra mí prosperará. En todo daré gracias, porque esta es la voluntad de Dios para conmigo en Cristo Jesús». ¿Nos alegramos de la misma manera de la puerta cerrada como de la puerta abierta, sabiendo que es la voluntad de Dios? ¿Agradecemos tanto el «no» como el «sí», si sabemos que el «no» es la voluntad de Dios?

La voluntad de Dios está en dar gracias por lo que ya tenemos, no por lo que vamos a obtener. La voluntad de Dios está en dar gracias por donde ya estamos, no por el siguiente paso que nos va a guiar. ¿Estamos agradecidos si no se avanza a más allá de donde estamos ahora? ¿Nos regocijamos al orar diciendo: «Señor, aquí estoy, envíame. Quiero ser usado por ti. Quiero ser usado para tu gloria, lo que sea que te traiga más gloria en mi vida. Agradezco donde tú me tienes ahora. No tengo una noción preconcebida de dónde se supone que debo estar, y no necesito nada más para estar contento. Soy feliz justo donde estoy ahora»? ¿Estamos actuando según la voluntad de Dios? No se trata de dónde estamos, sino de cómo estamos. La voluntad de Dios no es el trabajo que tenemos o el barrio en el que vivimos. La voluntad de Dios es que seamos agradecidos en todo, que seamos santificados, que seamos apartados para ser usados y dirigidos únicamente por el Espíritu de Dios. Su voluntad para nosotros es que nos vaciemos de la ambición y de la autosuficiencia. Él quiere que podamos decir verdaderamente: «Dios sabe más que yo. Cualquier cosa que él disponga para mí, cualquier cosa que contribuya a mi santificación, es la voluntad de Dios. La voluntad de Dios es que, si nada cambia, yo esté absolutamente agradecido».

Sobre el autor

Star R. Scott es el pastor principal de Calvary Temple en Sterling, Virginia, donde ha ministrado desde 1973. El pastor Scott pasó veinte años en las Asambleas de Dios y obtuvo su título en The Berean College.

Ha servido a nivel seccional y de distrito, además de intervenir en concilios generales. Ha ejercido su ministerio en las iglesias más grandes tanto de Corea como de la India.

Aunque mantiene todos los principios de fe de las Asambleas de Dios, actualmente trabaja en un ministerio independiente supervisando y capacitando a pastores locales. Calvary Temple es una iglesia donde el consejo de la Palabra de Dios se cree, se enseña sin concesiones y se vive en obediencia al señorío de Jesús.

Los ministerios de Calvary Temple incluyen capacitación para el discipulado, instituto bíblico para adultos, ministerio de medios de comunicación y un programa misionero activo. Además del don pastoral, el pastor Scott ejerce dentro de los cinco ministerios como apóstol y profeta. Ha plantado iglesias, y actualmente supervisa a los pastores y ministerios de numerosas iglesias satélites.

El don de enseñanza del pastor Scott es profético y visionario para el cuerpo de Cristo. Su ministerio lucha con fervor por la fe, insistiendo en la sana doctrina. Durante las últimas dos décadas, el pastor Scott ha ministrado en radio y televisión, y ha viajado internacionalmente enseñando la Palabra de Dios sin concesiones.

Ha ministrado a millones de personas en las campañas de milagros «La espada del Espíritu», en viajes misioneros y en conferencias de pastores. Muchas de las enseñanzas del pastor Scott se están convirtiendo en libros y se están publicando de manera sistemática.

www.ingramcontent.com/pod-product-compliance
Lightning Source LLC
Chambersburg PA
CBHW061726020426
42331CB00006B/1111